途中下車で訪ねる
駅前の銅像

銅像から読む日本の歴史と人物

川口素生
Kawaguchi Sunao

交通新聞社新書 071

途中下車で訪ねる駅前の銅像――目次

第二章　源平争乱・鎌倉・室町時代の人物

第三章　戦国・織豊（安土桃山）時代の人物

第四章　江戸時代の人物

第五章　幕末維新期の人物

第六章　明治時代の人物

第七章　大正・昭和時代の人物

はじめに

日本の鉄道（ＪＲ、私鉄、第三セクター、地下鉄、モノレールなど）の駅、路面電車の停留場の数は九千カ所を超えるが、駅や停留場に降り立っていつも思うのは、「日本のように駅前に数多くの銅像、石像、モニュメントが設置、建立されている国は他にないであろう」という点である。

ところで、それらの銅像の過半は女性の像、親子の像、あるいは抽象的なものなどの美術作品であるが、日本では明治時代以降、個人や団体によって歴史上の人物、偉人の銅像を顕彰の目的で建立することが続けられてきた。

そういった事情を反映して、全国の駅、停留場の駅前には歴史上の人物、偉人の銅像（石像などを含む）が現在（平成二十六年八月現在）数多く建立されている。

そこで、本書では全国の駅、停留場の駅前にある歴史上の人物、偉人の銅像などの中から百一人の人物、六組の夫婦、一組の主従、二つの集団という百十項目を選んで第一章「神話・飛鳥・奈良・平安時代の人物」から第七章「大正・昭和時代の人物」までの七つの章に分け、それぞれの人物、夫婦、主従、集団の業績、銅像の形状などに触れた。

また、各項目の末尾に【駅前の銅像・石像】や【関連した銅像・石像】などの欄をもうけ、駅前に銅像などが建立されている駅の鉄道名、路線名、駅名、自治体名、関連した銅像などが建立されている場所、自治体名を記した。なお、本書は必ずしも最初から読まなくても、読者の方々が関心を持たれた項目（人物）から読んでも容易に理解出来るように、各項目ごとに完結した内容とした。本書をお読み頂ければ駅前の銅像（石像などを含む）の素晴らしさだけでなく、日本の歴史もまた御理解頂けると思う。

執筆に際しては、かみゆ歴史編集部（代表・滝沢弘康氏）編の『日本の銅像完全名鑑』をはじめとする「主要参考文献一覧」にあげた銅像関係の出版物から多くの知見を得た。

また、取材に際しては鉄道の関係者の方々、地元の自治体の観光担当、観光協会、教育委員会、図書館、博物館、寺院、神社の方々にお世話になった。さらに、歴史研究会主幹の吉成勇氏、千代田区立千代田図書館の大塚桂子氏からは懇切なるご教示を頂いた。

そして、本書の出版に際しては、交通新聞社の小日向淳子氏に大変お世話になった。末筆ながら、お世話になった方々に衷心より御礼を申し上げる次第である。

平成二十六年初秋　川口素生

〔凡例〕

・全国の鉄道（JR、私鉄、第三セクター、地下鉄、モノレール、新交通システム、ケーブルカー、ロープウェイ）の駅、路面電車の停留場の駅前にある銅像、石像などのうち、日本の歴史に関連した人物、偉人の銅像、石像などを取り上げた。なお、JR坂田駅（滋賀県米原市）の駅前にある山内一豊・見性院夫妻の像のように、正室の法名（見性院）と、地元での名前（千代）とが異なる事例は少なくない。

・「駅前の銅像」の定義は意外に難しいが、本書ではJR、私鉄、第三セクターなどの場合は駅の改札、もしくは駅舎の出入口から、地下鉄の場合は地上への出入口から目視出来る銅像、石像、あるいは改札、出入口からスタートして、大人の足でおおむね百歩以内程度の銅像、石像などを取り上げた。

・JR埼京線板橋駅は東京都板橋区と北区、豊島区の三区に、JR上越新幹線燕三条駅は　新潟県三条市と燕市の両市に跨がっている。一方、JR東海道新幹線東京駅は東京都千代田区にあるが、八重洲口の眼前の外堀通りは中央区との境界線となっている。こういった点を考慮した上で、本書ではそれぞれ板橋区、三条市、千代田区といった具合に登記上の所在地のみを記した。なお、板橋駅前の近藤勇の銅像は北区、東京駅前の井上勝の銅像（現在は一時撤去中）は千代田区、ヤン＝ヨーステンの銅像、記念碑、二宮尊徳（金次郎）の銅像は中央区にあるが、本書では各駅の登記上の所在地のみを記した。

・駅の構内に建立されている銅像、石像などや、駅の地下通路、地下街に建立されている銅像、石像なども「駅前の銅像」として取り上げた。また、泉岳寺のように駅の改札、駅舎の出入口、地上への出入口から百歩以内程度で境内に到達する場合は、境内にある大石内蔵助の銅像を「駅前の銅像」として取り上げた。

・神戸高速鉄道の高速神戸駅（地下駅／神戸市中央区）のように地上への出入口のすぐ前に湊川神社の境内が広が

っている場合や、ＪＲなどの上野駅（東京都台東区）のように駅前に上野公園が広がっている場合、あるいは改札、出入口から境内や園内が目視出来る場合などは、境内に建立されている銅像、園内に建立されている銅像を「駅前の銅像」として取り上げた。ちなみに、上野公園の西郷隆盛の銅像の建立されている場所は恐らく京成上野駅（地下駅）の真上で、同駅の出入口から百歩以内の場所に当たる。

・黒田城跡（愛知県一宮市）の山内一豊と愛馬の銅像などは、ＪＲ木曽川駅の改札から徒歩で五分以上は優にかかる。けれども、木曽川駅の長いホームの（名古屋駅側の）端から黒田城跡が確認出来るので、「駅前の銅像」として取り上げた。

・駅前の建物、施設などの内部、駅前の個人や団体の所有地内にある銅像、石像などでも一般に公開されていないもの、あるいは見学に際して事前申請などが必要なものなどについては、本書では取り上げなかった。一例として、国会議事堂（東京メトロ国会議事堂前駅前）の前庭、内部には高名な政治家の銅像が多数建立、設置されているが、見学には事前申請などが必要で、国会の開会中は見学出来ないなどといった制約も多い。

・皇族や仏教の高僧、学者などの場合、信仰、顕彰などの目的で本人の足跡が及んでいない場所に銅像、石像などが建立されている事例が多い。これらの銅像、石像などの中には駅前に建立されているものもあるが、本書では取り上げなかった。

・人物の年齢は昭和二十年（一九四五）の太平洋戦争の終結以前は数え年とし、終結以後は満年齢とした。ただし、外国人については終結以前の人物も満年齢とした。また、明治五年までは旧暦で表記している。

・存命の人物を例外として、原則として人物の敬称は略した。

第一章　神話・飛鳥・奈良・平安時代の人物

「国譲り」をした日本神話のヒーロー

大国主命

【おおくにぬしのみこと】生没年＝不詳

日本神話に登場する神。素戔嗚尊《すさのおのみこと》の子、もしくは五世《ごせい》の孫で、大己貴命《おおなむちのみこと》、八千矛神《やちほこのかみ》など異名が多い。なお、大国主命は「おおくにぬしのかみ」とも読み、「だいこくさま」（仏教の大黒天《だいこくてん》との混交）とも読む。『古事記《こじき》』や『日本書紀《にほんしょき》』における大国主命は、①数々の試練を経験した、②沼河比売《ぬなかわひめ》や須勢理毘売命《すせりびめのみこと》と結ばれた、③少名毘古那神《すくなびこなのかみ》と協力して豊葦原中国《とよあしはらのなかつくに》の国づくりをした、④豊葦原中国を天照大神《あまてらすおおみかみ》（皇室の祖先）に「国譲り」して出雲大社《いずもたいしゃ》（島根県出雲市）に祀《まつ》られた、などの神話で有名である。のちに、大国主命を祀る出雲大社は農耕の神、縁結びの神として人々から根強い信仰を得るにいたった。

各地の銅像のうち、JR鳥取駅前の銅像は、ワニ（フカの地方名）に体毛を奪われたシロウサ

大国主命（ＪＲ山陰本線ほか鳥取駅前）とシロウサギ（下）、蒲の穂（左手）

ギに大国主命が蒲《がま》の穂《ほ》を与えていたわったという話（『古事記』ほか）をモチーフとしている。大国主命の銅像が左手に持っているバトン状のものが蒲の穂だが、説明板に近づくとセンサーが反応し、尋常《じんじょう》小学唱歌『だいこくさま』のメロディーが流れ出すという観光客には願ってもない構造となっている。また、出雲大社の銅像のうち、跪《ひざまず》いたポーズの一体は大国主命が「幸魂奇魂《さきみたまくしみたま》（神の御加護）」を得た瞬間を再現している。

【駅前の銅像・石像】大国主命・シロウサギ＝ＪＲ山陰本線ほか鳥取駅前（鳥取市）。奴奈川姫（沼河比売）＝ＪＲ北陸本線糸魚川《いといがわ》駅前（新潟県糸魚川市）。

【関連した銅像・石像】大国主命（２体）＝出雲大社（出雲市）／ほか。大国主命・シロウサギ＝道の駅「神話の里白うさぎ」（鳥取市）。奴奈川姫＝北陸自動車道蓮台寺《れんだいじ》パーキングエリア・上り線（糸魚川市）。

幻術を得意とした邪馬台国の女王

卑弥呼【ひみこ】生没年＝不詳

古代中国の歴史書『魏志《ぎし》』の「東夷伝倭人条《とういでんわじんじょう》」（『魏志倭人伝』）に登場する邪馬台国《やまたいこく》の女王。「東夷伝倭人条」によると、二世紀後半の倭国《わこく》（日本）には百余国があったが、邪馬台国では王の時代に内乱が続いたため、未婚の卑弥呼が女王に即位した。鬼道《きどう》（幻術、妖術）を得意とした卑弥呼は人々の前に決して姿を見せなかったが、やがて乱を平定し、弟や重臣の補佐を得て見事に国を統治したという。景初《けいしょ》三年（二三九）には使節を送って中国の魏王朝へ朝貢《ちょうこう》（＝貢ぎ物を献上）し、「親魏倭王《しんぎわおう》」の封号《ほうごう》（称号）と金印とを得た。

けれども、同八年にはじまった狗奴国《くなこく》の王・卑弥弓呼《ひみここ》との戦いが長引く中、卑弥呼は正始《せいし》九年（二四八）頃に没したものと考えられている。死に際しては巨大な冢《ちょう》（墓）がつくられ、百余人が

卑弥呼（ＪＲ長崎本線神埼駅前）

殉死《じゅんし》、埋葬された。その直後、邪馬台国では男子が王に即位したが国が治まらなかったため、卑弥呼の宗女《そうじょ》である台与《とよ》が女王に即位する。ただし、その後は中国の歴史書の中に邪馬台国が登場しないことから、戦乱の中で滅亡したものとみなされる。

さて、宗女とは一族の女性で、シャーマンとしての卑弥呼の後継者とみなされているが、その名が「東夷伝倭人条」では壹與《いよ》（壱与）、他の中国の歴史書では邪馬台国の国名が邪馬壹國《やまいちこく》（邪馬壱国）、宗女の名が臺舉《とよ》（台挙）、臺與（台与）などとなっている。わけても、宗女が壱与か、台与かに関しては研究者の間で論争が繰り広げられてきた。

何よりも、邪馬台国、卑弥呼に関しては、同国がどこにあったのかという比定地《ひていち》論争が今なお活発であるが、卑弥呼を実在の女性皇族とみなす説も繰り返し主張されている。

比定地論争に関しては江戸時代初期までは邪馬台国が大和《やまと》（奈良県）など畿内《きない》（近畿地方）にあったとする畿内説が主流であったが、江戸時代中期に儒者・新井白石が九州説を主張して以降、九州説を主張する学者が爆発的に増えていく。さらに、昭和に入ってからは比定地論争は一層過熱し、作家や民間の研究者らによる新説の発表も相次ぐ。

他方、卑弥呼を実在の女性皇族とみなす説では、『古事記』や『日本書紀』に登場する倭迹迹日《やまとととひ》百襲姫命《ももそひめのみこと》（夜麻登登母母曾毘売命《やまとともそびめのみこと》／第七代・孝霊《こうれい》天皇の皇女）とみなす説が有力視されている。『日本書紀』では倭迹迹日百襲姫命が謀叛を予言、的中させたとされており、そのことが鬼道を得意としたという卑弥呼と同一人物とみなされる一因となった。

倭迹迹日百襲姫命（高松市・田村神社）

現在、JR神埼《かんざき》駅前（佐賀県神埼市）には左手で東北東の方角を指さす卑弥呼の銅像が建立されているが、これは同駅が吉野《よしの》ケ里《り》遺跡の最寄駅のひとつであることにちなみ建立されたものである。前後したが、昭和末期から本格化した発掘調査の結果、同遺跡は弥生《やよい》時代の大規模な環濠《かんごう》集落の遺跡で、南北約一キロ、東西約六〇〇メートルというわが国最大規模を誇ることが判明する。加えて、巨大な建物跡や多くの竪穴《たてあな》住居群、華麗な副葬品が納められた約二千基《き》の墳墓群の存在などが確認出来ることもあり、「吉野ケ里遺跡こそが卑弥呼、台与らが統治した邪馬台国である」などとする主張が俄然《がぜん》脚光を浴びた。

ちなみに、卑弥呼の銅像が左手で指さす先（約六〇〇メートル）には吉野ケ里遺跡があり、現在は国営吉野ケ里歴史公園として保存、公開されている。また、銅像が右手で持っているのは、同遺跡から出土した巴形銅器《ともえがたどうき》（楯《たて》などの装飾品）を模したものである。

ところで、『日本書紀』には倭迹迹日百襲姫命は大・大物主命《おおものぬしのみこと》の正体が蛇であることを知って倒れ込み、その拍子に陰部に箸《はし》が突き刺さって絶命した、とする話が記されている。なお、倭迹迹日百襲姫命の陵墓は箸墓《はしはか》古墳（前方後円墳／奈良県桜井市）とされており、桜井市ではゆるキャラ・ひみこちゃんが公認されている。また、倭迹迹日百襲姫命を祭神とする讃岐《さぬき》（香川県）の一の宮・田村神社はお祓《はら》いが行なわれる会館が高松琴平《ことひら》電鉄琴平線一宮《いちのみや》駅（以上、高松市）に近接しているが、先年、境内に見事な銅像が建立された。

【駅前の銅像・石像】卑弥呼＝ＪＲ長崎本線神埼駅前（神埼市）。

【関連した銅像・石像】倭迹迹日百襲姫命＝田村神社（高松市）。

越前から迎えられた応神天皇の子孫

継体天皇・照日の前【けいたいてんのう・てるひのまえ】

生没年＝（継体天皇）四五〇〜五三一？／（照日の前）不詳

継体天皇は古代の天皇（第二十六代／在位は五〇七〜五三一年）。照日の前はその妃《きさき》といわれている半ば伝説上の女性。このうち、継体天皇は父の彦主人王《ひこうしおう》（彦大人王）が早くに病没したため、越前《えちぜん》（福井県）で育つ。五〇六年に第二十五代・武烈《ぶれつ》天皇が崩御《ほうぎょ》した後、大和《やまと》朝廷の重臣・大伴《おおともの》金村《かなむら》らの支援で即位した。しかし、反発する勢力があり、大和（奈良県）へ入るのに約二十年を要している。継体天皇の時代には、九州での磐井《いわい》の乱の勃発や、朝鮮半島から仏教の伝来などの出来事があった。なお、継体天皇の皇子には安閑《あんかん》天皇、宣化《せんか》天皇、欽明《きんめい》天皇らがいたが、越前で照日の前を寵愛《ちょうあい》していたとする伝承が残る。

ところで、継体天皇が第十五代・応神《おうじん》天皇の五世の孫であること、大和へ入るのに約二十年を

照日の前（左）と継体天皇（ＪＲ北陸本線武生駅）

要したことなどから、「武烈天皇の崩御と継体天皇の即位、大和入りの間に王朝交代があったのではないか」とみる研究者も多い。また、『三国史記』の『百済本紀《くだらほんぎ》』には継体天皇と皇子が五三一年に崩御、薨去《こうきょ》したと記されており、「この前後、欽明天皇の王朝と、安閑天皇・宣化天皇の王朝とが併存していたのではないか」などとみる研究者もいる。

現在、ＪＲ武生《たけふ》駅構内や、越前市郊外の「越前の里《さと》・味真野苑《あじまのえん》」にある継体天皇、照日の前の銅像では、照日の前が金色の手紙を手にしているが、これは伝承をもとにした謡曲《ようきょく》『花筐《はながたみ》』の筋に基づいている。また、足羽山《あすわやま》公園の継体天皇の石像は、高さ四・三メートルの巨像である。

【駅前の銅像・石像】 継体天皇・照日の前＝ＪＲ北陸本線武生駅構内（福井県越前市）。
【関連した銅像・石像】 継体天皇＝足羽山公園（福井市）。継体天皇・照日の前＝越前の里・味真野苑（越前市）。

東大寺創建に功績を残した高僧

行基

【ぎょうき】生没年＝六六八～七四九

奈良時代の僧侶。天智《てんち》天皇七年（六六八）に渡来人《とらいじん》系の高志才智《こしのさいち》の子として生まれ、天武《てんむ》天皇十一年（六八二）に出家した。慶雲《きょううん》元年（七〇四）以降、多数の信者を率いて仏教の布教、寺院の建立、池や橋梁などのインフラの構築に邁進するようになった。

『行基年譜』によると、行基は畿内《きない》（近畿地方）に四十余の寺院を建立し、池を十五カ所、橋を六カ所構築したなどとされている。この時期に構築されたという和泉久米田池《いずみくめだいけ》（大阪府岸和田市）は約十九万坪もの面積であった。こういった経緯で行基を「生き仏」と捉える者も人々の中に現れ、行基菩薩《ぼさつ》という呼び名すら広まっていく。

天平《てんぴょう》十五年（七四三）、行基は東大寺（奈良市）の大仏（盧舎那仏《るしゃなぶつ》）建立の勧進《かんじん》に登用される。

行基（近鉄奈良線近鉄奈良駅前）

なお、寺院や仏像の建立、修理のために信者、有志を勧誘し、費用の奉納、労働力の提供を求めることを勧進といい、その責任者もまた勧進（あるいは勧進聖《ひじり》）といった。

これ以後、行基が各地で勧進をした結果、多額の銭《ぜに》を奉納する者が相次ぐ。そういった行基の功績もあり、大仏は天平勝宝《しょうほう》四年（七五二）に無事、開眼供養会《かいげんくようえ》が行なわれた。

けれども、行基は大仏鋳造が最盛期を迎えていた同元年に入滅《にゅうめつ》（病没）する。八十二歳であった。各地の銅像のうち、近鉄奈良駅前のものは噴水の中央部分に行基の銅像が立つという、日本史上の偉人の銅像として類稀《たぐいまれ》なものとなっている。

【駅前の銅像・石像】行基＝近鉄奈良線近鉄奈良駅前（奈良市）。

【関連した銅像・石像】行基＝家原寺《えばらじ》（大阪府堺市）、霊山寺《りょうせんじ》（奈良市）／ほか。

多くの和歌を残した『万葉集』の撰者

大伴家持

【おおとものやかもち】生没年＝七一八？～七八五

奈良時代の貴族、歌人で、「三十六歌仙《かせん》」の一人。官職は中納言、官位は従三位《じゅさんみ》。大納言・大伴旅人《たびと》の子として養老《ようろう》二年（七一八）頃に生まれた。父の旅人、叔母《おば》で姑（妻の生母）の坂上郎女《さかのうえのいらつめ》も歌人という環境に恵まれたが、政治面では延暦《えんりゃく》元年（七八二）に失脚を経験し、同四年の病没後にもある事件への関与を理由に子らが配流《はいる》となっている。

一方、歌人としての家持は大変優れた才能の持ち主で、近年までの研究では『万葉集』を現在伝えられているかたちに編纂《へんさん》したのは家持であったとみなされている。何よりも『万葉集』に収録されている約四千五百首の約一割は、家持の長歌《ちょうか》、和歌である。

そんな家持の和歌には大伴氏の家長としての自覚、自身が置かれていた立場を吐露《とろ》したものが認められる。前後したが、家持は越中《えっちゅう》（富山県）、薩摩《さつま》（鹿児島県西部）の守《かみ》（県知事）を歴任したが、越中への赴任では創作意欲をかき立てる何かがあったらしい。

なお、越中の国府《こくふ》は富山県高岡市、薩摩の国府は鹿児島県薩摩川内《せんだい》市にあったため、高岡市のJR高岡駅、薩摩川内市のJR川内駅の駅前に銅像が建立された。このうち、高岡駅前のものは万葉線高岡軌道線の専用軌道沿いにあり、台座に家持が越中で詠《よ》んだ和歌「もののふの　八十娘子《やそをとめ》らが　挹《く》みまがふ　寺井の上の　かたかごの花」が刻まれている。

大伴家持（左／JR北陸本線ほか高岡駅前）

【駅前の銅像・石像】大伴家持＝JR北陸本線ほか高岡駅、万葉線高岡軌道線高岡駅停留場前（高岡市）、JR九州新幹線・肥薩おれんじ鉄道ほか川内駅前（薩摩川内市）。

【関連した銅像・石像】大伴家持＝薩摩川内市川内歴史資料館（薩摩川内市）／ほか。

道鏡の野望を阻止した朝廷の忠臣

和気清麻呂

【わけのきよまろ】 生没年＝七三三〜七九九

奈良時代、平安時代初期の貴族。天平五年（七三三）、磐梨別乎麻呂《いわなしわけのおまろ》の子として備前《びぜん》（岡山県南東部）に生まれ、朝廷に仕えて出世を重ねる。神護景雲《じんごけいうん》三年（七六九）、孝謙《こうけん》（称徳《しょうとく》）天皇（女帝／第四十六代、第四十八代天皇）の信任を得ていた僧侶・道鏡《どうきょう》が、皇位を奪おうとした。

この時、宇佐八幡宮《うさはちまんぐう》（大分県宇佐市）へ使いした清麻呂は、「臣下《しんか》が皇位に就《つ》くことは出来ない」という神託を朝廷へ報告する。これにより道鏡の野望を阻止することが出来たが、清麻呂は大隅《おおすみ》（鹿児島県東部）へ配流となった（「宇佐八幡宮神託事件」）。のちに赦免《しゃめん》された清麻呂は延暦《えんりゃく》十二年（七九三）に平安京（京都市）への遷都を上奏《じょうそう》し、自ら造宮大夫《ぞうぐうだいぶ》として平安遷都に功績を残している。同十八年に病没。六十七歳であった。

和気清麻呂（東京メトロ東西線竹橋駅前・大手壕緑地内）

明治維新後、清麻呂は皇統《こうとう》を護り、遷都を上奏した忠臣として高く評価されるようになり、全国の小学校には清麻呂の像が建立されるが、戦後撤去された。各地の銅像のうち、東京メトロ竹橋駅前の銅像は皇紀二千六百年（昭和十五年）を記念して建立されたものである。清麻呂、和気広虫《ひろむし》（清麻呂の姉）を祀《まつ》る護王《ごおう》神社（京都市上京区）に清麻呂の銅像が、和気神社（岡山県和気町）には清麻呂、広虫の石像が建立されており、和気町立歴史民俗資料館の前にも清麻呂の銅像（制作は彫刻家・朝倉文夫）が建立されている。

【駅前の銅像・石像】和気清麻呂＝東京メトロ東西線竹橋駅前（東京都千代田区）。
【関連した銅像・石像】和気清麻呂＝護王神社（京都市上京区）、和気神社、和気町立歴史民俗資料館前。和気広虫＝和気神社（以上、和気町）。

摂津を本拠とした六孫王経基の嫡子

源(多田)満仲

【みなもとの(ただ)みつなか】生没年=九一二?〜九九七

平安時代中期の武将。幼名は明王丸《みょうおうまる》、別名は新発意《しんぱちい》、号は満慶《まんけい》で、多田姓を称した。清和源氏《せいわげんじ》の祖・源経基《つねもと》(六孫王《ろくそんおう》)の嫡子として、延喜《えんぎ》十二年(九一二)頃に生まれた、摂津《せっつ》(大阪府北部、兵庫県南東部)など諸国の守《かみ》(県知事)や朝廷の左馬権頭《さまごんのかみ》などを歴任したが、特に摂津守は二度務めている。この間、摂津多田荘《ただのしょう》を領有し、氏寺《うじでら》として創建した多田院《ただのいん》(以上、兵庫県川西市)の地へ居館を構えた。なお、説話集『今昔物語集』によると、多田荘の居館に満仲は、数百人の郎党《ろうとう》(家臣)を住まわせていたという。『今昔物語集』には自邸に侵入した泥棒を捕縛した、殺生を戒められ即日出家したなどという話もみえるので、満仲は勇猛ながら慈悲心《じひしん》にあふれる名将だったものと考えられる。

源（多田）満仲（ＪＲ福知山線川西池田駅前）

　この多田荘が武士団としての清和源氏《せいわげんじ》最初の拠点であること、多田院を創建したことなどから、満仲、子の源頼光《よりみつ》、孫の頼国らを多田源氏と呼ぶことが多い。晩年に当たる安和《あんな》二年（九六九）、満仲は安和の変で源高明《たかあき》の動きを通報し、その名を天下に知られることとなる。そんな満仲は長徳《ちょうとく》三年（九九七）に病没。八十六歳であったという。

　なお、ＪＲ川西池田駅前の銅像は満仲が前脚を上げた愛馬に跨《また》がるという勇猛な姿である。かつてこの地には能勢《のせ》電鉄妙見《みょうけん》線川西国鉄前駅があり、多田院改め多田神社の最寄駅である多田駅まで乗り換えなしで行けた。しかし、川西能勢口駅～川西国鉄前駅間（〇・七キロ）が廃止された昭和五十六年、川西国鉄前駅も廃止となっている。

【駅前の銅像・石像】ＪＲ福知山線川西池田駅前（川西市）。

『更級日記』を残した女流文学者

菅原孝標女

【すがわらのたかすえのむすめ】生没年＝一〇〇八～？

平安時代中期の女流文学者、『更級日記《さらしな》』の作者。残念ながら名は伝えられていない。菅原孝標（道真《みちざね》の五世の孫）の娘として寛弘《かんこう》五年（一〇〇八）に生まれた。生母は藤原倫寧女《ともやすのむすめ》（『蜻蛉日記《かげろう》』の作者の姉）で、継母《ままはは》は上総大輔《かずさのおおすけ》（紫式部《むらさきしきぶ》の娘の姪《めい》）という恵まれた環境で育ち、少女時代から和歌や物語に強い関心を示した。寛仁《かんにん》元年（一〇一七）に父が介《すけ》（副知事）として上総《かずさ》（千葉県北部）へ赴任するのに従い、同四年に帰京する。

女流文学者としての孝標女は『更級日記』の他に和歌が『新古今和歌集』などに残っており、『夜半の寝覚《よわ　ね　ざめ》』などの物語の作者でもあるという。ところが、孝標女は康平《こうへい》元年（一〇五八）、夫・橘俊通《たちばなのとしみち》の急死に遭遇する。不幸の中で自身の生涯を回想し、日記風に纏《まと》めたのが世に名高

菅原孝標女（ＪＲ内房線ほか五井駅前）

い『更級日記』である。「あづま路の道はてよりも、なほ奥つかたに生ひいでたる人（中略）世の中に物語といふ物のあんなるを、いかで見ばやと思ひつつ」にはじまる『更級日記』には、父と上総の国府《こくふ》（県庁）から東海道を西へ進んだ時のことを記した上で、以後の四十年のことを思い出すままに記している。ところで、孝標女は五十歳過ぎまで存命だったことが判明しているが、没年や死因、葬地などは一切不詳である。

なお、当時の上総の国府は現在の千葉県市原《いちはら》市にあったとする説が優勢である。ＪＲ内房《うちぼう》線、小湊《こみなと》鐵道の五井駅前の銅像は、笠を被《かぶ》った孝標女が西へ向かって歩く姿をモチーフとした立像《りゅうぞう》である。これにちなみ、五井駅前から延びる通りは更級通りと命名されている。

【駅前の銅像・石像】 菅原孝標女＝ＪＲ内房線・小湊鐵道五井駅前（市原市）。

八幡太郎の異名で知られる合戦の神様

源 義家

【みなもとのよしいえ】 生没年＝一〇三九～一一〇六

平安時代後期の武将。幼名、通称は太郎、源太丸《げんたまる》だが、石清水八幡宮《いわしみずはちまんぐう》（京都府八幡市《やわた》）の神前で元服《げんぷく》したことにちなんで八幡太郎とも称している。なお、源義朝《よしとも》は義家の曾孫《ひまご》、頼朝《よりとも》、義経《よしつね》（以上、義朝の子）は義家の玄孫《やしゃご》である。長暦《ちょうりゃく》三年（一〇三九）に清和源氏《せいわげんじ》（河内源氏《かわち》）の棟梁《とうりょう》・源頼義《よりよし》の子として生まれ、成人後は兵部大輔《ひょうぶのたいふ》、検非違使《けびいし》などの朝廷の軍事・警察部門や、陸奥守《むつのかみ》兼鎮守府《ちんじゅふ》将軍などの諸国の守（知事）を歴任する。

もともと、勇猛な義家は周囲から「天下第一武勇之士」などの評価を得ていたが、学者・大江匡房《おおえのまさふさ》から「未だ兵法《ひょうほう》を知らず」と酷評されたこともあった。この時、辞を低くして匡房に教えを乞《こ》い、兵法、特に用兵の奥義《おうぎ》を体得した義家は永保《えいほう》三年（一〇八三）からの後三年《ごさんねん》の役を平定す

源義家（ＪＲ常磐線勿来駅前）

るが、朝廷はこれを私闘と断じて恩賞を与えない。

やむなく、義家は私財を割《さ》いて合戦に従軍した将兵をねぎらうが、これが清和源氏が東国で勢力を拡大する一因となった。しかし、源義国《よしくに》（義家の三男）が問題を起こした矢先の嘉承《かしょう》元年（一一〇六）、義家は病没する。六十八歳であった。各地の銅像は過半が騎馬像だが、このうちのＪＲ勿来《なこそ》駅前（福島県いわき市）の銅像は、同駅が古代の関所、軍事的な要地であった勿来の関跡の最寄駅であることにちなみ、建立されたものである。

【駅前の銅像・石像】源義家＝ＪＲ常磐線勿来駅前（いわき市）。
【関連した銅像・石像】源義家＝平安の風わたる公園（秋田県横手市）、勿来の関公園（いわき市）、諏訪神社（千葉県流山市）、けやき通り（東京都府中市）／ほか。

コラム① 地蔵と仁王——銅像文化の素地となった仏像

わが国には、信仰の目的で仏様や僧侶を、顕彰の目的で歴史上の人物を、そして美術鑑賞の目的で美術作品を銅像、石像などとして屋外へ建立するという、優れた文化が定着している。さて、わが国に銅像文化が定着している理由の一つとして考えられるのが、「屋外《おくがい》、もしくはそれに準ずる場所へ仏像を建立し、信仰する文化、風習があった」という歴史的な事実である。そして、ここでいう屋外、もしくはそれに準ずる場所へ建立され、信仰された仏像というのは、現代人にも馴染みのある仁王と地蔵に他ならない。

なお、仏様は如来《にょらい》、菩薩《ぼさつ》、明王《みょうおう》、天部《てんぶ》とに分けられ、さらに菩薩から観音（観世音菩薩《かんぜおんぼさつ》）を独立させる考え方もある。菩薩には他に弥勒《みろく》菩薩、普賢《ふげん》菩薩などがあるが、多くの菩薩はインド風の衣服を身に纏《まと》う姿でつくられ、寺院の屋内へ安置されることが多い。

これに対して、地蔵は正しくは地蔵菩薩（梵語・クシティガルバ）というが、石像として建立され、路傍《ろぼう》などの屋外へ建立されるのが圧倒的で、しかもその服装は現在の仏教の法体《ほったい》（僧侶の服装）とほぼ同じである。のちに、冥界《めいかい》、地獄という考え方が仏教にとり入れられ、閻魔大王《えんまだいおう》

本成寺（岡山県和気町）の阿形の仁王。本成寺は平成３年に廃止された旧・片上鉄道線本和気駅の駅前に当たる

（梵語・ヤマラージャ）を冥界の王とする考え方が伝えられると、わが国では人々の間で地蔵と閻魔大王とが同一の仏様と考えられるようになっていく。

加えて、路傍に置かれている地蔵は道祖神や地主《じぬし》（地の神）とも同一と考えられるようになり、「子供を守るありがたい仏様」などと、子供やその親に信じられるにいたった。こういった事情を反映して畿内（関西地方）を中心に毎年夏の終わりには町内単位で、地《じ》蔵盆《ぞうぼん》が子供の祭りとして行なわれてきた。さらに、表面に地蔵を彫り出した舟形《ふながた》の墓碑を、不幸にして命を失った子供の墓碑とする風習が現代でもある。

次に、仁王は正しくは金剛力士《こんごうりきし》（密迹《みっしゃく》金剛力士／梵語・ヴァジュラダラ）といい、仏法を守護する天部の仏様である。その原型は金剛杵《こんごうしょ》という武器を手に持ち、忿怒《ふんぬ》の形相《ぎょうそう》をした執金剛神《しゅこんごうじん》

（梵語・ヴァジュラパーニ）という天部だが、その起源は何とギリシャ神話の英雄・ヘラクレスであるという。ともあれ、共に金剛杵を持つのだが、通常、上半身に甲冑《かっちゅう》を着たものが執金剛神、上半身が裸体で二体のものが仁王とされている。

仁王は口を大きくあける阿形《あぎょう》の像と、口を閉じたかたちの吽形《うんぎょう》の像とが二体で仏法の守護や外敵の排除を受け持つが、これが「阿吽《あうん》の呼吸」の語源とみなされてきた。

そういえば仁王は寺院の入口にある山門に安置されることが多いが、山門の前面には扉などがないので、寺院に足を踏み入れる者は皆、仁王を目《ま》の当たりにすることとなる。

また、地蔵が天災や病気に苦しむ人々を秘かに助けた、仁王が田畑の耕作、泥棒の捕縛で活躍したなどといった、慈愛に満ちた伝説が全国各地には伝えられてきた。

ところで、地蔵、仁王が人々から熱心に信仰された理由は、服装が飾り気のない法体や上半身裸体で親しみやすいこと、路傍などの屋外やそれに準ずる場所に建立、安置されているなど常にすぐ身近にいることなどが挙げられよう。以上のような路傍の地蔵、山門内の仁王の存在こそが、現代のわが国の銅像文化に繋がったとみても誤りではあるまい。

第二章

源平争乱・鎌倉・室町時代の人物

頼朝の窮地を救った相模武士とその妻

土肥実平・妻

【どい（どひ）さねひら・つま】生没年＝（土肥実平）不詳／（妻）不詳

土肥実平は源平争乱期、鎌倉時代初期の武将、鎌倉幕府の御家人《ごけにん》。通称は次郎。中村宗平《むねひら》の子で、相模《さがみ》土肥郷《ごう》（神奈川県湯河原町）を本拠として土肥姓を称した。

家系的には桓武平氏《かんむへいし》の子孫だが平清盛《たいらのきよもり》の政治に不満を抱いていたらしく、治承《じしょう》四年（一一八〇）の石橋山《いしばしやま》の戦いでは平氏方ではなく、実平の子である遠平《とおひら》と共に源頼朝の側へ身を投じた。ところが、頼朝率いる味方は平氏方の大軍の前に惨敗《ざんぱい》し、頼朝、実平ら主従は付近の鵐窟《しとどのいわや》（湯河原町、もしくは同真鶴《まなづる》町）と呼ばれる洞穴へ逃げ込む。

まもなく、敵方の梶原景時《かげとき》が岩窟に主従がいることを突き止めるが、見つからない素振りを装いその場を去った。一方、実平の妻は知り合いの僧侶を送るふりをして、秘かに頼朝や夫のもと

妻（左）と土肥実平（ＪＲ東海道本線湯河原駅）

へ食糧を運び続けたという。そして、かろうじて舟で房総《ぼうそう》半島（千葉県）へ逃れた頼朝は実平・遠平父子の活躍もあり、平氏の打倒、鎌倉幕府の樹立に成功する。この間、軍功を残した実平・遠平父子は御家人に登用されたが、安芸《あき》（広島県西部）へ移住した子の遠平の子孫から、小早川隆景《たかかげ》（「小早川隆景」の項参照）が出ている。

現在、湯河原町のＪＲ湯河原駅前に建立されている銅像のうち、実平の銅像は甲冑《かっちゅう》を着込み、左手に弓、右手に箙《えびら》（矢を入れる武具）を持った立像で、妻の銅像は夫の隣に跪《ひざまず》き、両手に黍餅《きびもち》の入った包みを持つというポーズである。銅像のある場所の行政地名を湯河原町土肥《どい》というが、治承四年当時はこの付近に実平の屋敷があったという。

【駅前の銅像・石像】土肥実平・妻＝ＪＲ東海道本線湯河原駅前（湯河原町）。

義経らに攻め滅ぼされた「旭将軍」

木曾義仲

【きそよしなか】生没年＝一一五四～八四

源平争乱期の武将。通称は木曾冠者《かじゃ》、受領名《ずりょうな》は伊予守《いよのかみ》で、本姓は源。久寿《きゅうじゅ》元年（一一五四）に源義賢《よしかた》の子として生まれた。源義平、頼朝、義経らの従兄弟《いとこ》。幼少時代に父が義平のために横死《おうし》したため、信濃《しなの》木曾（長野県南部）の武将・中原兼遠《かねとお》に育てられた。

治承《じしょう》四年（一一八〇）、以仁王《もちひとおう》の平家打倒の呼びかけに呼応して信濃で挙兵し、北陸道を進撃して寿永《じゅえい》二年（一一八三）には倶利伽羅峠《くりからとうげ》（富山県小矢部《おやべ》市、石川県津幡《つばた》町）の戦いで平家方の十万の大軍を撃破し、余勢をかって平家を京都から駆逐した。

しかし、入京後の麾下《きか》の軍勢の乱暴などのため後白河《ごしらかわ》法皇（第七十七代天皇）と対立してしまい、宇治川《うじがわ》の戦いでも義経らに敗北する。やがて、再挙を目指していた寿永三年年初、義仲は近《おう》

木曾義仲（ＪＲ北陸本線石動駅前）

火牛（同）

江《み》粟津《あわづ》（大津市）で討死にを遂げた。三十一歳であった。

各地の銅像のうち、小矢部市のＪＲ石動《いするぎ》駅前、埴生《はにゅう》護国《ごこく》八幡宮《はちまんぐう》のものは見事な騎馬像である。なお、牛の角に松明《たいまつ》を結わえ、火を点《とも》して敵陣へ追い込む戦法を火牛《かぎゅう》戦法というが、義仲が倶利伽羅峠で火牛戦法を敢行したとする説がある。現在、石動駅前、津幡町のＪＲ津幡駅構内には、この戦法にちなんだ火牛の銅像が建立されている。

【駅前の銅像・石像】木曾義仲・火牛＝ＪＲ北陸本線石動駅前（小矢部市）。火牛＝ＪＲ北陸本線ほか津幡駅構内（一時撤去中／津幡町）。

【関連した銅像・石像】木曾義仲＝埴生護国八幡宮（小矢部市）／ほか。木曾義仲・巴御前《ともえごぜん》（義仲の側室）＝義仲館。巴御前＝徳音寺《とくおんじ》（以上、長野県木曽町）。

敦盛との組み打ちで有名な武蔵の武士

熊谷直実【くまがいなおざね】生没年＝一一四一～一二〇八

源平争乱期、鎌倉時代前期の武士。通称は次郎、法名は蓮生《れんしょう》。永治《えいじ》元年（一一四一）に熊谷直《なお》貞《さだ》の子として生まれる。本拠地は武蔵熊谷郷《むさしくまがやごう》（埼玉県熊谷市）で、治承《じしょう》四年（一一八〇）から源頼朝に属して幾多の軍功をあげる。わけても、元暦《げんりゃく》元年（一一八四）の一ノ谷（兵庫県神戸市須《す》磨《ま》区）の戦いでは序盤の平山季重《すえしげ》との先陣争いの後、平氏方の武将・平敦盛《たいらのあつもり》（清盛の甥《おい》）を討ち取った。その戦法は、沖合の船に乗ろうとしていた馬上の敦盛を呼び止め、つかみかかって地上での組み打ちへと持ち込み、刀で首を落とすという見事なものである。なお、組み打ちについては『平家物語』の「敦盛の最期」に描かれており、古くから聞く者、読む者の涙を誘ってきた。また、合戦前夜に敦盛が笛を奏《かな》でたことは文部省唱歌『青葉の笛（敦盛と忠度《ただのり》）』の歌詞、『鉄道

熊谷直実（ＪＲ上越新幹線ほか熊谷駅前）

唱歌』（山陽道編）の歌詞（三番「〽その最期まで携《たずさ》えし　青葉の笛は　須磨寺《すまでら》に（以下略）」）に織り込まれている。

後世、直実は清廉で、鎌倉武士の典型と考えられるようになるが、理屈をいい立てて頼朝の命令に背く、領地をめぐる久下直光《くげなおみつ》（直実の伯父《おじ》）との争いに敗訴するといった具合に、生前は失敗続きであった。敗訴後、自ら髻《もとどり》を切って出家した直実は、承元《じょうげん》二年（一二〇八）に入滅《にゅうめつ》（病没）する。六十八歳であった。銅像のうち、ＪＲなどの熊谷駅前（熊谷市）、須磨寺（神戸市須磨区）の銅像は騎馬像で、須磨寺には敦盛の銅像も建立されている。

【駅前の銅像・石像】熊谷直実＝ＪＲ上越新幹線・秩父鉄道秩父本線ほか熊谷駅前（熊谷市）。

【関連した銅像・石像】平敦盛・熊谷直実＝須磨寺（神戸市須磨区）。

平家討伐に活躍した薄幸の麒麟児

源　義経

【みなもとのよしつね】　生没年＝一一五九～八九

源平争乱期の武将。幼名は牛若丸《うしわかまる》、通称は九郎、受領名は伊予守《いよのかみ》、官職は左衛門少尉《さえもんのしょうじょう》（判官《ほうがん》）など。平治《へいじ》元年（一一五九）に清和源氏《せいわげんじ》の棟梁・源義朝《よしとも》の子として生まれる。生母は側室・常盤御前《ときわごぜん》だが、同年の平治の乱で父・義朝が平清盛に敗れたため（翌年横死）、生母らと共に平氏方に捕らわれた。幸いにも、助命された義経は鞍馬寺《くらまでら》（京都市左京区）、次いで陸奥平泉《むつひらいずみ》（岩手県平泉町）へ行き、平泉では豪族・藤原秀衡《ひでひら》の庇護《ひご》を受けている。やがて、治承四年（一一八〇）に挙兵した源頼朝のもとへ馳せ参じ、同じく範頼《のりより》（以上、義朝の子、義経の兄）と共に平氏方の討伐に邁進《まいしん》した。この後の範頼・義経兄弟は元暦《げんりゃく》元年（一一八四）の宇治川《うじがわ》の戦いで木曾義仲（頼朝、義経らの従兄弟《いとこ》／「木曾義仲」の項参照）を圧倒したのに続き、一ノ谷の戦い、文治《ぶんじ》元年（一一

弁慶（左）と牛若丸（右／京阪本線清水五条駅前）

八五）の屋島《やしま》の戦い、壇ノ浦《だんのうら》の戦いで勝利を収め、平氏方を滅亡に追い込むことに成功する。

　ところが、鎌倉幕府を開いた頼朝と対立したことから、弁慶《べんけい》（「弁慶」の項参照）らわずかな家臣と共に苦労して平泉へ赴くが、頼みの秀衡は同三年に病没した。秀衡亡き後、家督を継いだ子の藤原泰衡《やすひら》は頼朝の圧迫を受け、同五年に居館・高館《たかだち》（岩手県平泉町）を攻撃する。やがて、弁慶、片岡八郎、鈴木重家《しげいえ》・亀井六郎兄弟、鷲尾義久《わしおよしひさ》、増尾《ますお》十郎、伊勢《いせ》義盛《よしもり》、備前平四郎《びぜんへいしろう》が懸命に敵方の攻撃を防ぐ中、義経は自刃を遂げた。三十一歳であった。

　武将としての義経は積極果敢な名将であったが、以上のように数奇な運命をたどっている。のちに、義経を主人公とした軍記物『義経記《ぎけいき》』などは時代を問わず多くの人々の支持を得たが、義経＝判官に同情する心情がやがては弱者に同情、贔屓《ひいき》をする心情・判官贔屓へと発展していく。加えて、不死伝説や義経＝ジンギスカン説なども喧伝《けんでん》されるようになった関係で、義経が文治五年に落命しなかったとする伝説は高館以北の東北の北部、北海道などの各地に残る。

修験者に身をやつした源義経（石川県小松市・安宅の関）

ちなみに、かかる不死伝説や、義経と静《しずか》御《ご》前《ぜん》との悲恋にちなんでのものと推測されるが、明治十三年（一八八〇）以降に官営幌内《ほろない》鉄道（JR北海道の前身の一つ）が輸入した大きな煙突が特徴の七一〇〇形蒸気機関車（アメリカ・ポーター社製）には、「義經《よしつね》」や「辨慶《べんけい》」、あるいは「しづか」といった愛称が命名されている。

各地の像のうち、京都市東山区の京阪清水《きよみず》五条駅前のものは牛若丸と弁慶との対決を再現した御所《ごしょ》人形風の石像

源頼朝（神奈川県鎌倉市・源氏山公園）

だが、源平争乱期の五条大橋は現在の松原通（同市下京区）の位置にあった。

また、旗山《はたやま》（徳島県小松島《こまつしま》市）の義経の銅像は屋島の戦いの前に暴風を冒《おか》して瀬戸内海を渡り、勝浦（同市）へ上陸した際の勇姿を再現したものだが、高さ約六・七メートル、重さ約五・五トンで、騎馬像としてはわが国最大規模の銅像という評価が高い。

【駅前の銅像・石像】牛若丸（源義経）・弁慶＝京阪本線清水五条駅前（京都市東山区）。弁慶・富樫泰《とがしやす》家《いえ》（左衛門）＝ＪＲ北陸本線小松駅前（小松市）。弁慶＝ＪＲ紀勢本線紀伊田辺駅前（和歌山県田辺市）。

【関連した銅像・石像】源義経＝旗山（徳島県小松島市）／ほか。源義経・平知盛《とももり》＝壇ノ浦古戦場跡（山口県下関市）。源義経・弁慶・富樫泰家＝安宅《あたか》の関跡（小松市）／ほか。

『勧進帳』で有名な御曹司・義経の忠臣

弁慶【べんけい】 生没年＝？〜一一八九？

源平争乱期の僧侶。無双《むそう》の荒法師《あらほうし》で、源義経の側近を務めたことで名高い。幼名は鬼若《おにわか》、別名は武蔵坊《むさしぼう》。紀伊《きい》（和歌山県）の熊野別当《くまのべっとう》・湛増《たんぞう》の子とされているが、架空人物説も根強い。『義経《ぎけい》記《き》』によると弁慶は比叡山《ひえいざん》（大津市）で修行を積み、義経に属して平氏討伐で活躍した。しかし、文治《ぶんじ》五年（一一八九）に義経が陸奥《むつ》高館《たかだち》（岩手県平泉町）で藤原泰衡《やすひら》の襲撃を受けた際、最後まで主君を護った末に壮烈な最期を遂げたとされている。

『義経記』が流布する段階で人気を得たこともあり、現在までに京阪清水《きよみず》五条駅前（京都市東山区）に牛若丸と弁慶（「源義経」の項参照）、JR紀伊田辺駅前に弁慶、闘雞《とうけい》神社（以上、和歌山県田辺市）に湛増と弁慶、JR小松駅前に弁慶と富樫泰家《とがしやすいえ》（左衛門）、安宅の関跡（以上、石川県

弁慶（ＪＲ紀勢本線紀伊田辺駅前）

小松市）に義経、弁慶、泰家の石像、銅像が建立された。

このうち、小松駅の銅像は同駅が安宅の関跡の最寄駅であることにちなんで建立されたもので、安宅の関跡のもののミニチュアである。ところで、安宅の関を通過する際の義経、弁慶、泰家の三者のやりとりは歌舞伎『勧進《かんじん》帳《ちょう》』に描かれているが、歌舞伎『暫《しばらく》』の鎌《かま》倉《くら》権五郎景政《ごんごろうかげまさ》のモデルも弁慶と喧伝《けんでん》されてきた。加えて、弁慶にも不死伝説があることから、大見得《おおみえ》を切る弁慶、景政の銅像は本項で取り上げた他にも数多く建立されている。

【駅前の銅像・石像】弁慶＝ＪＲ紀勢本線紀伊田辺駅前（田辺市）。牛若丸（源義経）・弁慶＝京阪本線清水五条駅前（京都市東山区）。弁慶・富樫泰家（左衛門）＝ＪＲ北陸本線小松駅前（小松市）。

【関連した銅像・石像】湛増・弁慶＝闘雞神社（田辺市）。義経・弁慶・富樫泰家（左衛門）＝安宅の関跡（小松市）／ほか。弁慶＝弁慶岬（北海道寿都《すっつ》町）／ほか。

百発百中の弓で知られた女傑

板額御前

【はんがくごぜん】生没年＝不詳

鎌倉時代前期の女武者。名の表記は、鎌倉幕府の正史『吾妻鏡《あづまかがみ》』では坂額《はんがく》御前となっているが、飯角《いいずみ》御前と呼ぶのが正しいという。越後《えちご》（新潟県）の武将・城資国《じょうすけくに》の娘で、鎌倉幕府の御家人《ごけにん》・浅利義遠《よしとお》（与一《よいち》）の妻。建仁《けんにん》元年（一二〇一）一月、京都にいた城長茂《ながしげ》（板額御前の兄）が鎌倉幕府に叛旗《はんき》を翻《ひるがえ》した際、越後でも城資盛《すけもり》（板額御前の甥《おい》）、板額御前らが同国鳥坂《とっさか》城（同県胎内《たいない》市）へ籠もって鎌倉方に抗した。この時、板額御前は矢蔵《やぐら》（櫓）の上から得意の矢を放ち続けたが、その矢は百発百中であったという。この結果、鎌倉方では討死にや戦傷が相次ぐが、どうにか板額御前を生け捕ることに成功している。

その後、板額御前は相模《さがみ》鎌倉（神奈川県鎌倉市）へ護送され、第二代将軍・源頼家の御前に引

板額御前（ＪＲ羽越本線中条駅前）／胎内市教育委員会提供

き出された。しかし、臆するところを全くみせない点は、居並ぶ御家人たちを驚嘆させたようである。そういったことが契機となり、板額御前は乞《こ》われて義遠の妻に迎えられ、義遠の本拠・甲斐《かい》浅利郷（山梨県中央市）へ移り住んだという。そんな板額御前に関しては、時代が下るにつれ、「女傑、勇婦だが、不美人」とする妄説が浸透していく。

現在、鳥坂城跡の最寄駅・ＪＲ中条駅前に建立されている板額御前の銅像は甲冑《かっちゅう》を着込んだ立像だが、この像はかつて中条町役場（現・胎内市役所）の前にあった。また、豊富《とよとみ》シルクの里公園には、甲冑を着込んだ夫・義遠が弓を放つ姿の銅像が建立されている。

【駅前の銅像・石像】板額御前＝ＪＲ羽越本線中条駅前（胎内市）。
【関連した銅像・石像】浅利義遠（与一）＝豊富シルクの里公園（中央市）。

鎌倉幕府を倒した清和源氏の闘将

新田義貞【にったよしさだ】 生没年＝一三〇一～三八

南北朝時代の武将、南朝の忠臣。通称は小太郎、受領名は越後守《えちごのかみ》など。正安《しょうあん》三年（一三〇一）に新田朝氏《ともうじ》の子として上野《こうずけ》（群馬県）で生まれた。元弘《げんこう》三年（正慶《しょうきょう》二年／一三三三）、第九十六代・後醍醐天皇の討幕計画に参加し、生品《いくしな》神社（群馬県太田市）で挙兵する。次いで、分倍河原《ぶばいがわら》（東京都府中市）の戦いで鎌倉方を撃破した後、脇屋義助《わきやよしすけ》（義貞の弟）らと相模鎌倉（神奈川県鎌倉市）を攻撃して鎌倉幕府を滅ぼした。建武《けんむ》元年（一三三四）からの建武の新政では武者所《むしゃどころ》頭人《とうにん》に抜擢される。しかし、足利尊氏《あしかがたかうじ》と対立し、同二年に挙兵した尊氏に箱根竹ノ下の戦いで敗れた。同三年には尊氏を摂津《せっつ》湊川《みなとがわ》（神戸市中央区）で防ごうとしたが敗れ、楠木正成《くすのきまさしげ》を失った。その後、北陸へ赴いて越前《えちぜん》金ケ崎《かなさき》城（福井県敦賀《つるが》市）で抗戦を続けたが、延元《えんげん》三年（暦応《りゃくおう》元年／一三三八）

新田義貞（左）と従者（右／東武伊勢崎線ほか太田駅前）

に藤島（福井市）で足利方の斯波《しば》高経《たかつね》に敗北し、頭に矢を受けた末、自刃を遂げた。三十八歳であった。明治維新後、義貞は南朝の忠臣として顕彰されるようになり、現在では各地に銅像が建立されている。このうち、JR・京王電鉄分倍河原駅前の義貞の銅像は、分倍河原での奮戦をモチーフとした勇壮な騎馬像である。

また、生品神社などの義貞の銅像は、鎌倉へ攻め込む際、太刀《たち》を海へ投げ込んで進撃路を得たという逸話を再現した立像である。

【駅前の銅像・石像】新田義貞・従者＝東武伊勢崎線ほか太田駅前（太田市）、JR南武線・京王電鉄京王線分倍河原駅前（府中市）。
【関連した銅像・石像】新田義貞＝生品神社、新田荘資料館前（以上、太田市）。
※上の銅像は右を義助とみる観光客が多い。

摂津湊川に散った南朝の忠臣

楠木正成

【くすのきまさしげ】生没年＝？〜一三三六

南北朝時代の武将、南朝の忠臣。官職は左衛門尉《さえもんのじょう》。河内《かわち》（大阪府東部）の武将で、元弘元年（元徳《げんとく》三年／一三三一）に第九十六代・後醍醐《ごだいご》天皇の討幕計画に参加する。以後、河内赤坂城、千早《ちはや》城（以上、同千早赤阪村）を拠点として鎌倉方が繰り出す大軍に抗した。同三年の鎌倉幕府の滅亡後、建武元年（一三三四）に建武の新政がはじまると河内、和泉《いずみ》（大阪府南部）の守護《しゅご》（県知事）に抜擢される。しかし、後醍醐天皇ら南朝方は同二年以降、挙兵した足利尊氏に各地で敗れた。このため、同三年に新田義貞らと摂津《せっつ》湊川《みなとがわ》（神戸市中央区）で尊氏を防ごうとしたが敗れ、正成は現在の湊川神社の地で楠木正季《まさすえ》（正成の弟）と刺し違えて自刃した。なお、奇策を用いて敵方を翻弄した、討死に直前に正季と七生報国《しちしょうほうこく》を誓い合った、などといった逸話が数多く残る。

楠木正成（東京メトロ千代田線二重橋前駅前・皇居外苑）

楠木正成（神戸電鉄有馬線ほか湊川駅前）

明治維新後、正成は南朝の忠臣として顕彰されるようになり、各地で銅像の建立が相次ぐ。このうち、神戸電鉄などの湊川駅前の湊川公園、東京メトロ二重橋前駅前の皇居前広場の銅像は共に騎馬像で、特に後者は明治三十三年（一九〇〇）に彫刻家・高村光雲《こううん》らにより制作された見事な像である。

【駅前の銅像・石像】楠木正成＝神戸電鉄有馬線・神戸高速線湊川駅・湊川公園内（神戸市兵庫区）、東京メトロ千代田線二重橋前駅前・皇居外苑（東京都千代田区）。楠木正行《まさつら》（正成の嫡子）＝JR片町《かたまち》線（学研都市線）四条畷《しじょうなわて》駅構内（大阪府大東市）。

【関連した銅像・石像】楠木正成＝大阪護國神社（大阪市住之江《すみのえ》区）、観心寺（大阪府河内長野市）／ほか。楠木正行＝往生院六萬寺（東大阪市）／ほか。

能の全盛時代を招来した世阿弥の父

観阿弥【かんあみ】

生没年＝一三三三？〜八四

南北朝時代の能役者、能作者。観世《かんぜ》家の祖。幼名、通称は観世丸、清次、三郎で、芸名は観世。なお、僧侶の身なりで将軍に仕え、芸能、茶道などを受け持つ者のことを同朋衆《どうぼうしゅう》というが、観阿弥は室町幕府三代将軍・足利義満《よしみつ》の同朋衆としての名（阿弥号《あみごう》）である。生まれは元弘三年（正慶二年／一三三三）とみられているが、妻の生誕地である伊賀小波多《いがおばた》（三重県名張《なばり》市）に能《のう》（猿《さる》楽《がく》）の座をもうけ、のちには大和《やまと》（奈良県）にも座をもうけた。

次いで、興福寺《こうふくじ》（奈良市）などの寺院、神社で能を演じ、自らの座・観世座を大和猿楽四座の一つに発展させている。文中《ぶんちゅう》三年（応安《おうあん》七年／一三七四）からは将軍・義満の同朋衆となるが、当時流行していた曲舞節《くせまいぶし》を音曲にとり入れるなど能に新風を吹き込んでいる。『自然居士《じねんこじ》』や『卒《そ》

観阿弥（近鉄大阪線名張駅前）

都婆小町《とばこまち》』などの作品を残した観阿弥、それに子の世阿弥《ぜあみ》（一三六三？〜一四四三）の活躍により、能は全盛時代を迎えるにいたった。

そんな観阿弥は元中《げんちゅう》元年（至徳《しとく》元年／一三八四）に病没した。五十二歳であった。各地の銅像のうち、近鉄名張駅前の観阿弥の銅像はこの地ゆかりの面を手にしている。また、名張市役所の銅像は観阿弥が、新潟県佐渡《さど》市の佐渡歴史伝説館の銅像は世阿弥が、能を演じる姿の立像である。一方、三重県伊賀市の世阿弥公園の銅像は、観阿弥の妻がわが子・世阿弥を抱く姿を再現した坐像《ざぞう》である。

【駅前の銅像・石像】観阿弥＝近鉄大阪線名張駅前（名張市）。

【関連した銅像・石像】観阿弥＝名張市役所（名張市）。世阿弥＝佐渡歴史伝説館（佐渡市）。観阿弥の妻・世阿弥＝世阿弥公園（伊賀市）。

備中新見荘の直務代官とその恋人

祐清・たまかき

【ゆうせい】生没年＝（祐清）？〜一四六三／（たまかき）不詳

祐清は室町時代の武士、備中新見荘《びっちゅうにいみのしょう》（岡山県新見市）の直務代官《じきむだいかん》。たまかきは同荘の福本刑部《ぎょうぶの》丞《じょう》の妹で、祐清の使用人（一説に恋人）である。なお、田畑などの大規模な私的所有地のことを荘園《しょうえん》といい、第三者に年貢の徴収などを委ねることを代官請《だいかんうけ》、荘園領主が現地へ派遣する代理人を直務代官といった。この新見荘に関しては『東寺百合文書《とうじひゃくごうもんじょ》』（京都府立総合資料館所蔵）などが現存しているが、十五世紀半ばの新見荘では代官請によって領民らが塗炭《とたん》の苦しみを強いられていた。そこで、領主である教王護国寺《きょうおうごこくじ》（東寺／京都市南区）は寛正《かんしょう》三年（一四六二）、直務代官として祐清を派遣する。この祐清は相当優秀、かつ公正な人物であったらしく、一部の名主《みょうしゅ》（荘園の中心的領民）の横暴を抑えつつ、短期間のうちに未納付となっていた年貢の督促《とくそく》、各種の争い

たまかき（左）と祐清（右／ＪＲ伯備線ほか新見駅前）

の調停などに実績を残した。
　ところが、先の名主は、「このまま代官を生かしておいては、自分の立場が危うい！」などと考えたのであろう。同四年八月二十五日、巡見中《じゅんけんちゅう》であった祐清は名主の親族によって惨殺《ざんさつ》された。その直後、たまかきは書状（「たまかき書状」）に祐清と自身との関係、葬儀の模様、遺品の目録などをしたためて教王護国寺へ送ったが、この書状は祐清に対する追慕の情あふれた名文として高い評価を得ている。現在、ＪＲ新見駅前に建立されている銅像は、馬に跨がって新見荘を巡見する祐清のありし日の姿と、それを回顧しつつ書状をしたためるたまかきの姿を、騎馬像と坐像とで再現したという涙を誘う像である。

【駅前の銅像・石像】祐清・たまかき＝ＪＲ伯備線ほか新見駅前（新見市）。

一休【いっきゅう】 生没年＝一三九四～一四八一

頓智と風狂で知られる禅宗の奇僧

室町時代後期の禅僧。一休は字《あざな》で、法諱《ほうい》（僧侶としての実名）は宗純《そうじゅん》、号は狂雲子《きょううんし》ほか。応永《おうえい》元年（一三九四）に生まれたが、実父は第百代・後小松《ごこまつ》天皇であるという。京都や近江《おうみ》（滋賀県）の寺院で修行を重ねた末に、当時の禅宗《ぜんしゅう》の風潮を厳しく風刺し、禅の伝統を守り抜くことに力を入れるようになる。次いで、妙勝寺《みょうしょうじ》（京都府京田辺市）に酬恩庵《しゅうおんあん》を営んで拠点とした。晩年、大徳寺《だいとくじ》（京都市北区）をはじめとする各地の名刹《めいさつ》の復旧に実をあげ、文明十三年（一四八一）に入寂《にゅうじゃく》（病没）した。八十八歳であった。

一方、『狂雲集』や『自戒集《じかいしゅう》』の著作を残した一休には生前、実子の岐翁紹禎《ぎおうしょうてい》、愛人の森侍者《しんじしゃ》がおり、森侍者との愛を書き記した文章を残すといった赤裸々《せきらら》な一面を持っていた。後年、「この

モニュメントの上の一休の銅像（ＪＲ片町線〔学研都市線〕京田辺駅前）

一休（ＪＲ片町線〔学研都市線〕京田辺駅前）

はし渡るべからず」の貼り紙に纏《まつ》わる頓智《とんち》なども喧伝《けんでん》されるようになる。

　現在、一休ゆかりの京田辺市には酬恩庵一休寺をはじめ、市内各地に一休の像が建立されている。このうち、一休寺、ＪＲ京田辺駅・松井山手駅、近鉄新田辺駅などの駅前のものは箒《ほうき》を手にした一休が掃除をする同一のポーズの銅像で、台座の裏面には「街をきれいに」と記されたプレートが嵌め込まれている。それとは別に京田辺駅前には最上部に一休の小さな像が立つ、頓智をモチーフとしたモニュメントが建立されている。

【駅前の銅像・石像】一休＝ＪＲ片町線（学研都市線）、同京田辺駅前（銅像・モニュメント／二体）、同松井山手駅前、近鉄京都線新田辺駅前（以上、京田辺市）。

【関連した銅像・石像】一休＝酬恩庵一休寺（京田辺市）／ほか。

個性的な水墨画を確立した絵師

雪舟

【せっしゅう】生没年＝一四二〇～一五〇六？

室町時代後期、戦国時代の絵師（禅僧画家）。法諱は等楊《とうよう》で、本姓は小田。応永《おうえい》二十七年（一四二〇）に備中《びっちゅう》（岡山県西部）で生まれ、禅僧、絵師となる。次いで、周防《すおう》（山口県東部）の守護大名・大内家の庇護を受けて雲谷庵《うんこくあん》に住み、応仁《おうにん》元年（一四六七）に遣明使《けんみんし》に随行して明国《みんこく》（中国）へ赴き、北京《ペキン》などで絵画の修行をした。帰国後、京や奥羽（東北地方）など各地を遊歴して絵画の創作を続け、永正《えいしょう》三年（一五〇六）に八十七歳で没したというが、没年を文亀《ぶんき》二年（一五〇二）とする説もある。

なお、それまでのわが国の絵画は中国絵画の模倣の域を出るものではなかったが、雪舟は水墨画の分野に新境地を開き、特に山水画に個性的な唐絵《からえ》様式を確立するという功績を残し、画壇に

雪舟とネズミ（ＪＲ伯備線ほか総社駅前）

多大な影響を与えた。代表的な作品としては国重要文化財の「四季山水図」（東京国立博物館所蔵）、国宝の「天橋立図《あまのはしだてず》」（京都国立博物館所蔵）がある。

現在、岡山県総社《そうじゃ》市の宝福寺《ほうふくじ》の前に雪舟の銅像（坐像）が、ＪＲ、井原《いばら》鉄道総社駅前に石像（臥像《がぞう》）がある。以上の像は、雪舟が涙でネズミを描いたという逸話をモチーフとしているため、共に雪舟の像の膝や胴体の上などにネズミの像もつくられている。なお、宝福寺門前の銅像は元は総社駅前にあったが、平成十七年に雪舟ゆかりの現在地へと移された。

【駅前の銅像・石像】雪舟・ネズミ＝ＪＲ伯備線・井原鉄道井原線ほか総社駅前（総社市）。
【関連した銅像・石像】雪舟・ネズミ＝宝福寺門前（二体、総社市）。

文芸に長けた足軽戦法の創始者

太田道灌

【おおたどうかん】生没年＝一四三二〜八六

室町時代後期の武将。関東管領《かんれい》・扇谷《おうぎがやつ》上杉家の家宰《かさい》（重臣）。幼名は鶴千代《つるちよ》、通称は源六郎《げんろくろう》、備中守《びっちゅうのかみ》など。なお、道灌は号で、諱《いみな》（実名）は資長《すけなが》である。永享《えいきょう》四年（一四三二）に太田資清《すけきよ》（道真《どうしん》）の子として生まれ、長禄《ちょうろく》元年（一四五七）頃に武蔵《むさし》江戸城（東京都千代田区）を築城し、他に父と共に武蔵河越城《かわごえ》（埼玉県川越市）、同岩槻城《いわつき》（さいたま市岩槻区）も築城したという。

槍や棒を持たせた足軽《あしがる》を機動的に投入する「足軽戦法」を考案してわが国の合戦の様相を一変させたといわれ、事実、関東各地での三十余度の合戦で一度も後れをとらなかったという。しかし、余りに有能であったため主君・扇谷上杉定正《さだまさ》に警戒され、惜しくも文明十八年（一四八六）に主君の居館で謀殺された。五十五歳であった。

太田道灌（ＪＲ山手線ほか日暮里駅前）

太田道灌（東京メトロ有楽町線有楽町駅前・東京国際フォーラム内）

各地の銅像のうち、ＪＲ・東京メトロ有楽町駅前の東京国際フォーラム（旧・都庁跡に立地）内にある銅像は立像、ＪＲなどの日暮里《にっぽり》駅にある銅像は騎馬像である。以上の二つを含む東京都内、埼玉県内の道灌の銅像は過半が、山吹《やまぶき》の逸話――鷹狩《たかが》りに出かけた先で蓑《みの》を所望した道灌に、少女が山吹を差し出した――をモチーフとしたものと推測される。

【駅前の銅像・石像】太田道灌＝ＪＲ山手線・東京メトロ有楽町線有楽町駅前・東京国際フォーラム内（東京都千代田区）、ＪＲ山手線・京成本線・東京都交通局日暮里・舎人《とねり》ライナー日暮里駅前（東京都荒川区）。

【関連した銅像・石像】太田道灌＝川越市役所（川越市）、芳《ほう》林寺《りんじ》、旧岩槻区役所（以上、さいたま市岩槻区）／ほか。太田道灌・少女＝新宿中央公園（東京都新宿区）。

コラム② 飼い主・上野英三郎と忠犬ハチ公――駅前の動物の銅像

全国の駅の駅前には歴史上の人物の銅像、石像だけでなく、美術作品としての人物、動物などの銅像、石像も数多く建立されている。たとえば、池袋（東京都豊島区）の地名の語源は池のほとりでフクロウが鳴いていたことにちなむとする説があるが、JR池袋駅地下のフクロウの石像の周辺は待ち合わせのスポットとして有名で、連日多くの人が利用している。また、那覇市の沖縄都市モノレール（ゆいレール）の複数の駅の駅前には、唐獅子《からじし》の一種で沖縄県では魔除けにご利益《りやく》があるとされているシーサーのモニュメントが設置されており、同市を訪れる観光客に親しまれている。無論、武将の銅像の何割かは騎馬像であるし、次章で触れる山内《やまうち》一豊・見性院夫妻（「山内一豊・見性院」の項参照）の銅像は馬の存在を抜きに語ることは出来ない。同じく本書で触れた大国主命《おおくにぬしのみこと》、雪舟、西郷隆盛（以上、「大国主命」「雪舟」「西郷隆盛」の項参照）の銅像や、伊豆箱根鉄道大雄山《だいゆうざん》線大雄山駅前（神奈川県南足柄市）の金太郎、JR山陽新幹線岡山駅前（岡山市北区）の桃太郎の銅像などは、それぞれシロウサギ、ネズミ、イヌ、クマ、三匹（イヌ、サル、キジ）の従者の銅像を欠いては全くもって絵にならない。

イヌに限って述べると、JR中央本線・東京メトロ東西線中野駅前（東京都中野区）の中野区役所には、江戸時代中期に第五代将軍・徳川綱吉《つなよし》が発令した「生類憐《しょうるいあわれ》みの令《れい》」をモチーフとした七匹のイヌの親子の銅像がある。これは江戸にあふれたイヌを収容するべく、現在の中野駅を含む一帯に大規模な犬小屋が構築されたという歴史事実に基づき建立されたものである。

このように、駅前には歴史的にみて意義深い動物の銅像もあるが、仮に、「駅前の動物の銅像の中でもっとも有名なものは何か？」と問うたならば、誰もが、「そりゃあ、JR山手線渋谷駅前の忠犬ハチ公に決まっているよ！」と答えるに違いない。その忠犬ハチ公こと秋田犬のハチ（一九二三～三五）は、大正十二年（一九二三）に現在の秋田県大館《おおだて》市で、オスのオオシナイ、メスのゴマを父母としてこの世に生を受けた。当時、現在の東京都渋谷区に住んでいた農業土木学者・上野英三郎《ひでさぶろう》（一八七二～一九二五）が秋田犬を飼いたいという希望を持っていたことな

上野英三郎（左）と忠犬ハチ公（右／近鉄名古屋線久居駅前）

どもあり、ハチは縁あって同十三年に急行列車の荷物車で約二十時間かけて上野駅（東京都台東区）へ送られ、上野家での飼育が始まった。前後したが、ハチに比べるとその名は全国区ではないようだが、三重県久居市《ひさい》（現・津市）出身の英三郎は当時、東京帝国大学（東京大学の前身）農学部の教授、農学博士で、わが国における農業工学の草分け的存在、耕地整理事業の指導者として、農業工学の分野では今なお高く評価されている。上野家ではすでに二匹のイヌが飼われていたが、ハチは愛犬家の英三郎にことのほか可愛がられたという。

これに応え、ハチは農学部へ出勤する英三郎を必ず玄関で見送ったが、やがては英三郎に付いて渋谷駅まで行き、夕方、渋谷駅の駅頭で英三郎を出迎えるようになる。けれども、悲しいことに英三郎は大正十四年に脳溢血《のういっけつ》で倒れ、五月二十一日に帰らぬ人となった。満五十三歳であった。ハチが上野家で飼われるようになったのは同十三年一月中旬であるから、英三郎とハチが一緒に暮らした期間は、正味十六カ月であったことになる。

英三郎の急死後、一時何も口にしなかったというハチは、日本橋や浅草の知り合いの家に預けられたが馴染めず、突如、渋谷駅の方向へ脱走するなどの行動を重ねた。

やむなく、ハチは渋谷の英三郎の未亡人が住む上野家へ戻ったが、英三郎がいないことが理解出来なかったのか、夕方、英三郎の姿を求めて渋谷駅へ行くようになり、遂には一日の大部分を渋谷駅の周辺で過ごすにいたったという。やがて、帰らぬ主人を渋谷駅頭で待ち受けるハチのことは昭和七年（一九三二）に新聞にとり上げられて有名になり、時の渋谷駅長もハチが駅舎で寝泊まりするのを黙認したとも伝えられている。

しかし、同十年三月八日早朝、駅近くの酒屋の前で息絶えているハチが見つかった。遺体を解剖した結果、フィラリアと心臓病とがハチの命を奪ったものと考えられたが、現在、ホルマリン漬けのハチの内臓などが東京大学に、剝製が上野駅前の国立科学博物館に保存されている。

忠犬ハチ公（ＪＲ山手線ほか渋谷駅前）

やがて、「渋谷駅頭にハチの銅像を！」という声が彫刻家・安藤照らからあがり、関係者の尽力で同九年、銅像が完成して渋谷駅前に設置された。ただし、初代の銅像は惜しくも同十九年に撤去されて鋳潰《いつぶ》されてしまう。それでも、銅像は同二十三年に渋谷駅前に再建され、駅前広場の拡張で平成元年に現在地（ハチ公前広場）へ移転した。

なお、渋谷駅前の他にもハチの銅像が生誕地であるＪＲ奥羽本線大館駅のホームと駅前、ハチ公生家跡、

盲導犬サーブ号（名古屋市営地下鉄東山線ほか栄駅前・久屋大通公園）

秋田犬会館（以上、大館市）など各地に、英三郎の生誕地である久居市の近鉄久居駅前には、英三郎とハチの銅像が建立されている。中でも、大館駅には一番ホームのハチ公神社にハチの銅像が建立されている。渋谷駅の改札、駅舎の出入口にハチ公口という動物の名を冠した名称が付けられている事実と、駅のホームに動物の銅像が安置されているという事例などは、全国的にみても珍しいであろう。

他に、交通事故で片脚を失いながらも眼の不自由な人の命を守った盲導犬サーブ号や、雪崩《なだれ》の際に二度も主人（飼い主）の窮地を救った忠犬タマ公などの銅像も各地に建立されている。このうち、タマ公ことタマの銅像はJR上越新幹線新潟駅（新潟市中央区）の新幹線コンコースなどに、サーブ号の銅像はJR東海道新幹線名古屋駅前（名古屋市中区）などに建立された。ただし、名古屋駅前のサーブ号の銅像は駅前再開発に伴い、名古屋市営地下鉄東山線栄駅、名鉄瀬戸線栄町駅前（名古屋市中区）の久屋《ひさや》大通公園へ移されている。

第三章

戦国・織豊（安土桃山）時代の人物

謎の出自を持つ戦国大名の第一号

北条早雲【ほうじょうそううん】 生没年＝一四三二〜一五一九

室町時代後期、戦国時代の武将。相模《さがみ》（神奈川県）の戦国大名・北条家（後北条家）の初代。通称は新九郎《しんくろう》で、姓は正しくは伊勢《いせ》。なお、法名を早雲庵宗瑞《あんそうずい》といったが、生前は北条早雲と名乗ってはいない。室町幕府の幕臣・伊勢家の一族として永享《えいきょう》四年（一四三二）に生まれたが、生誕地には京都説と備中高越山城《びっちゅうたかこし》（岡山県井原《いばら》市）説とがある。成人後、足利義視《あしかがよしみ》（第八代将軍・義政《よしまさ》の弟）に仕えた末に、北川殿《きたがわどの》（早雲の妹、今川義忠《よしただ》の側室）がいた駿河《するが》（静岡県東部）へ移った。長享《ちょうきょう》元年（一四八七）、叛乱を起こした小鹿範満《おしかのりみつ》を討伐し、今川氏親《うじちか》（義忠の子、早雲の甥）を今川家の当主に据えることに成功する。

次いで、延徳《えんとく》三年（一四九一）、もしくは明応《めいおう》二年（一四九三）に堀越公方《ほりこしくぼう》・足利茶々丸《ちゃちゃまる》を、同四年には相模小田原城（神奈川県小田原市）主・大森藤頼《ふじより》を攻め滅ぼした。

さらに、相模国内で検地を断行するなどして戦国大名としての基礎固めを行ない、五代約百年続く北条家の礎を構築することに成功する。そんな早雲は永正《えいしょう》十六年（一五一九）に病没した。八十八歳であった。

北条早雲（ＪＲ東海道新幹線ほか小田原駅前）

北条早雲（井原鉄道井原線早雲の里荏原駅前）

各地の駅前にある像のうち、ＪＲなどの小田原駅前（小田原市）の銅像は采配を振る姿を再現した騎馬像で、井原鉄道早雲の里荏原《さとえばら》駅前（井原市）の石像は肖像画を参考にしたと思われる坐像《ざぞう》である。なお、早雲の里荏原駅の駅名は高越山城跡の最寄駅であることなどにちなみ、平成十一年の井原鉄道開業時に命名されたものである。

【駅前の銅像・石像】北条早雲＝井原鉄道井原線早雲の里荏原駅前（井原市）、ＪＲ東海道新幹線・小田急小田原線・箱根登山鉄道・伊豆箱根鉄道大雄山線ほか小田原駅前（小田原市）。

天下随一の強兵で名高い戦国大名

武田信玄【たけだしんげん】生没年＝一五二一～七三

　戦国時代、織豊《しょくほう》（安土桃山）時代の武将、甲斐《かい》（山梨県）の戦国大名。幼名は勝千代《かっちよ》、官職、受領名《ずりょうな》は大膳大夫《だいぜんのだいぶ》、信濃守《しなののかみ》、諱《いみな》（実名）は晴信《はるのぶ》で、徳栄軒《とくえいけん》などの別名を用いた。大永《だいえい》元年（一五二一）に甲斐の戦国大名・武田信虎《のぶとら》の嫡子として生まれたが、父や重臣の中には利発な信繁《のぶしげ》（典厩《てんきゅう》／信虎の次男、信玄の弟）に期待する声もあったという。

　そんな中、天文《てんぶん》十年（一五四一）に失政を重ねた信虎が重臣・板垣信形《のぶかた》らによって追放され、信玄が武田家の当主に据えられる。次いで、信濃（長野県）へ本格的に侵攻した信玄は諏訪頼重《すわよりしげ》を謀殺し、村上義清《よしきよ》、小笠原長時《ながとき》らを国外へ追放した。ところが、義清が越後《えちご》（新潟県）の戦国大名・上杉謙信《けんしん》（長尾景虎《かげとら》）に救援を求めたことがきっかけとなり、信玄と謙信とは信濃北部で十数年間に五次にも及ぶ川中島の戦いを強いられる。永禄《えいろく》四年（一五六一）の第四次川中島の戦いでは奇襲作戦を謙信に見破られ、逆に信繁や軍師の山本勘助《かんすけ》らを失うという痛事を経験した。結局、五次にも及ぶ戦いでも謙信を打ち負かすことは出来なかったが、甲斐、信濃から駿河（静岡県東部）、上野《こうずけ》（群馬県）などに跨がる広大な領国を版図《はんと》に収める。

武田信玄（ＪＲ中央本線ほか甲府駅前）

さらに、内政面で「甲州法度之《こうしゅうはっとの》次第《しだい》（信玄家法）」を制定、金山の開発、甲州金の鋳造などで功績を残し、家臣たちから慕われ続けた信玄は、元亀《げんき》三年（一五七二）秋に徳川家康の領地であった遠江《とおとうみ》（静岡県西部）、三河《みかわ》（愛知県東部）への侵攻

武田信玄（ＪＲ中央本線塩山駅前）

を本格化させた。十二月には三方ケ原《みかたはら》の戦いで家康を完膚《かんぷ》なきまでに叩きのめしたが、三河野田城（愛知県新城《しんしろ》市）外で発病し、帰国途上の天正《てんしょう》元年（一五七三）四月十二日、信濃駒場《こまんば》（長野県阿智《あち》村）で病没する。五十三歳であった。

生前の遺言によりその死は三年間秘匿《ひとく》され、この間は武田信綱《のぶつな》（逍遙軒《しょうようけん》／信虎の子、信玄の弟）が亡兄・信玄の影武者を務め、時には他の戦国大名の使者を欺《あざむ》いたこともあったという（『甲陽軍鑑《こうようぐんかん》』）。遺骸は武田家ゆかりの恵林寺《えりんじ》（山梨県甲州市）に埋葬されたというが、阿智村の長岳寺《ちょうがくじ》、甲府市岩窪町などにも墓碑といわれるものが残る。

各地の信玄の銅像のうち、ＪＲ甲府駅前のものは甲冑《かっちゅう》を着用して床几《しょうぎ》に腰をかけた状態の像で、ＪＲ塩山《えんざん》駅前のものは肖像画を参考にしたと思われる像である。

また、第四次川中島の戦いの古戦場である八幡原《はちまんぱら》史跡公園には、騎乗した謙信が振り下ろした太刀を、床几に腰をかけた信玄が軍配《ぐんばい》で受けるという名シーンを再現した銅像が建立されている。

上杉謙信（新潟県上越市・越後春日山城跡）

　もっとも、これまで信玄のものとされてきた画像の像主《ぞうしゅ》（モデル）が実は能登《のと》（石川県北部）の畠山《はたけやま》氏の武将である可能性が高いこと、第四次川中島の戦いでの信玄対謙信の一騎討ちが実は一方、もしくは両方が影武者の演じたものである可能性が高いこと、などが昭和時代から繰り返し主張されてきた。
　それでも、甲府駅前の信玄の銅像、八幡原史跡公園の信玄、謙信の銅像などは大変な人気があり、両地を訪れる観光客はこれらの銅像をカメラや携帯電話で撮影するのが常である。なお、信玄館、信玄の里などにも、信玄の銅像がある。

【駅前の銅像・石像】武田信玄＝ＪＲ中央本線ほか甲府駅前（甲府市）、ＪＲ中央本線塩山駅前（甲州市）。武田勝頼（信玄の子）＝ＪＲ中央本線甲斐大和駅前（甲州市）。
【関連した銅像・石像】武田信玄＝信玄館（甲州市）、信玄の里（山梨県笛吹《ふえふき》市）／ほか。武田信玄・上杉謙信＝八幡原史跡公園（長野市）。上杉謙信＝越後春日山《かすがやま》城跡（新潟県上越市）／ほか。

キリスト教に入信した豊後の戦国大名

大友宗麟

【おおともそうりん】生没年＝一五三〇～八七

戦国時代、織豊（安土桃山）時代の武将、豊後《ぶんご》（大分県）の戦国大名。幼名は塩法師丸《しおほうしまる》、通称は新太郎、洗礼名はフランシスコ、諱《いみな》（実名）は義鎮《よししげ》で、宗麟は号である。

享禄《きょうろく》三年（一五三〇）に大友義鑑《よしあき》の子として生まれ、九州各地へ兵を進め、最盛期には豊後など九州北部の六カ国を掌中に収めた。天正六年（一五七八）にはキリスト教に入信し、失領した日向《ひゅうが》（宮崎県）の戦国大名・伊東義祐《よしすけ》の懇願を容《い》れて支援を開始する。

この時はキリスト教王国の樹立を夢見て日向へ進撃したというが、耳川《みみかわ》の戦いで薩摩（鹿児島県西部）の戦国大名・島津義久《よしひさ》が差し向けた軍勢に惨敗した。次いで、島津方の北上により失領に追い込まれる。この後、宗麟からの懇願を奇貨《きか》として、豊臣秀吉が同十五年に九州征伐に本腰

大友宗麟（撤去中／ＪＲ日豊本線ほか大分駅前）／大分市提供

を入れ、義久が秀吉に屈伏する中、宗麟は病没した。五十八歳であった。前後して、秀吉の命で大友義統《よしむね》（宗麟の嫡子）が豊後の国主へ返り咲いている。

　現在では大分市のＪＲ大分駅前、大分県津久見《つくみ》市の同津久見駅前などに宗麟の銅像が建立されているが、大分駅前の銅像は西洋の衣服を身に纏い、首に十字架をかけた入信後の宗麟をモチーフとした立像で、地元の人々のみならず観光客に抜群の人気がある。

【駅前の銅像・石像】大友宗麟＝ＪＲ日豊《にっぽう》本線ほか大分駅前（撤去中。平成二十六年度中に再設置予定／大分市）、ＪＲ日豊本線津久見駅前（大分県津久見市）。

【関連した銅像・石像】大友宗麟＝大分城址公園、神宮寺浦《じんぐうじうら》公園（以上、大分市）、臼杵《うすき》城跡（レリーフ／臼杵市）、宗麟公園（津久見市）／ほか。

「天下布武」で名高い乱世の風雲児

織田信長

【おだのぶなが】 生没年＝一五三四〜八二

戦国時代、織豊（安土桃山）時代の武将。尾張《おわり》（愛知県西部）の戦国大名、のち織田政権の指導者。幼名は吉法師《きっぽうし》、通称は三郎、上総介《かずさのすけ》、官職は右大将《うだいしょう》、内大臣など。

天文三年（一五三四）、尾張の武将・織田信秀《のぶひで》の嫡子（第三子）として生まれる。同二十年頃（異説あり）、父・信秀の病没に伴い家督を継ぐが、一族や重臣・柴田勝家《かついえ》らはうつけ者の信長ではなく、利発な織田勘十郎《かんじゅうろう》（信秀の子、信長の弟）に期待していた。それでも、弘治《こうじ》元年（一五五五）に尾張下《しも》四郡の守護代《しゅごだい》（副知事）・織田彦五郎《ひこごろう》を、永禄二年（一五五九）には尾張上《かみ》四郡の守護代・織田信賢《のぶかた》を打ち倒して尾張をほぼ統一した。

この間の弘治二年に勘十郎や勝家らが叛旗《はんき》を翻《ひるがえ》すが、信長は同三年に勘十郎を謀殺する一方で、

左から土田御前、吉法師（織田信長）、織田信秀（名鉄津島線勝幡駅前）

勝家ら重臣の罪を許している。次いで、永禄三年には桶狭間《おけはざま》（名古屋市緑区ほか）の戦いで、駿河（静岡県東部）の戦国大名・今川義元《よしもと》を討ち取った。その後、徳川家康と「清洲《きよす》同盟」を締結した信長は、同十年に美濃《みの》（岐阜県南部）の戦国大名・斎藤龍興《たつおき》（道三《どうさん》の孫）を攻め滅ぼすことに成功する。美濃を版図に収めた信長は、龍興の居城だった美濃稲葉山《いなばやま》城（岐阜市）を自身の居城とし、城名を岐阜城と改めた。また、この頃から「天下布武《ふぶ》」と刻んだ印章を用いるようになった信長は、永禄十一年に足利義昭《あしかがよしあき》（のち室町幕府第十五代将軍）を伴って上洛《じょうらく》し、短期間に畿内《きない》（近畿地方）の主要部を平定した。

そのようにして本格的に天下統一に乗り出したが、近江《おうみ》（滋賀県）北部の戦国武将・浅井長政《あざいながまさ》の裏切りに遭遇し、義昭の画策により甲斐《かい》（山梨県）の戦国武将・武田信玄らの侵攻にも苦しめられた。さらに、石山本願寺《ほんがんじ》（大阪市中央区）との石山戦争や、荒木村重《むらしげ》らの重臣の謀叛もあり、信長も一時は絶体絶命の窮地に陥ったこともある。

それでも、元亀《げんき》元年（一五七〇）の長政らとの姉川《あねがわ》（滋賀県長浜《ながはま》市）の戦い、天正三年（一五七五）の武田勝頼《かつより》（信玄の四男）との設楽《したら》ケ原《はら》（長篠／愛知県新城《しんしろ》市）の戦いに勝利し、同十年までに長政、勝頼らの諸国の戦国大名を滅亡に追い込む。

織田信長（金華山ロープウェー山麓駅前・岐阜公園内）

織田信長（JR東海道本線安土駅前）

織田信長（JR東海道本線ほか岐阜駅前）

そんな信長は重臣・羽柴《はしば》（豊臣）秀吉の要請により山陽道への出撃を決意するが、同年六月一日に重臣・明智光秀《あけちみつひで》が信長の宿舎・本能寺（京都市中京区）、織田信忠《のぶただ》（信長の嫡子）の籠もった二条御所（同上京区）を大軍で襲撃した。やがて、兵力の差は如何《いかん》ともしがたく、信長は自刃を強いられ、信忠らも落命した（本能寺の変）。当時、信長は四十九歳であったが、天下統一の寸前で、独創的な天守閣を有する近江安土城（滋賀県近江八幡《はちまん》市）の構築を通じて建築、文化の面でも強烈な個性を見せつけていただけに、その突然の死は惜しまれた。

各地の駅前の銅像のうち、信長の生誕地（異説あり）に近い名鉄勝幡《しょばた》駅前の銅像は、土田御前《ごぜん》（信秀の正室、信長、勘十郎の生母）が幼い吉法師（信長）を抱き、信秀がそれを覗《のぞ》き込むという、ほのぼのとしたワンシーンをモチーフとしている。金華山《きんかざん》ロープウェー山麓駅前の岐阜公園内の銅像は馬上から弓を引く少年時代の信長を、JR岐阜駅前の金色《こんじき》の銅像は西洋の衣服を着込み鉄砲を持つ信長をそれぞれモチーフとしている。

さらに、岐阜公園の岐阜市歴史博物館内、JR安土駅前に信長の銅像が建立されており、他に桶狭間古戦場、清洲城近くの清洲公園などにも信長の銅像が建立されている。

ちなみに、岐阜公園はかつては名鉄岐阜市内線本線（長良《ながら》線）公園前停留場の駅前でもあり、付近の急カーブは路面電車ファンに人気があったが、同線は昭和六十三年五月三十一日限りで廃止となった。


【駅前の銅像・石像】織田信秀・土田御前・吉法師（織田信長）＝名鉄津島線勝幡駅前（愛知県愛西《あいさい》市）。織田信長＝金華山ロープウェー山麓駅前・岐阜公園内、同・岐阜市歴史博物館内、JR東海道本線ほか岐阜駅前（以上、岐阜市）、JR東海道本線安土駅前（近江八幡市）。

【関連した銅像・石像】織田信長・今川義元＝桶狭間古戦場公園（名古屋市緑区）、織田信長・濃姫（信長の正室）＝清洲公園（清須市）。

義兄・信長を裏切った武将と美人妻

浅井長政・お市の方【あざいながまさ・おいちのかた】

生没年＝（浅井長政）一五四五～七三／（お市の方）？～一五八三

浅井長政は戦国時代、織豊（安土桃山）時代の武将、近江（滋賀県）北部の戦国大名。お市の方（別名小谷《おだに》の方）は織田信長の妹で、長政、のち柴田勝家の正室。長政の幼名は猿夜叉丸《さるやしゃまる》、通称は新九郎《しんくろう》、備前守《びぜんのかみ》で、諱（実名）は賢政《かたまさ》とも。天文十四年（一五四五）に浅井久政《ひさまさ》の嫡子として出生し、永禄三年（一五六〇）の父の隠居に伴い、十六歳で家督を継ぐ。以後、近江北部の三郡を版図に収めると共に、近江南部の戦国大名・六角《ろっかく》家の領地を奪う作戦を繰り広げ、一時は他の三郡にも影響力を行使した。この間、支城在番制《しじょう》や家臣団の再編成などに取り組み、対外的な面では尾張《おわり》（愛知県西部）の戦国大名・織田信長と同盟を結んで永禄十一年頃にお市の方（織田信秀の娘、信長の妹）を正室に迎える。

ところが、元亀元年（一五七〇）に信長が北陸の平定に着手すると越前《えちぜん》（福井県）の戦国大名・朝倉義景《よしかげ》と同盟して織田方を攻め、義兄を窮地に追い込む。同年六月には長政、義景率いる浅井・朝倉方は姉川（滋賀県長浜市）の戦いに臨み、信長、徳川家康率いる織田・徳川方と激闘を演じたが、敵方の粘り強く見事な戦法の前に総崩れとなる。

その後、同年九月には石山本願寺（大阪市中央区）などと連携した浅井・朝倉方が近江南部へ兵を進め、信長、家康を大いに苦しめるなどした。当時、織田・徳川方は甲斐（山梨県）の戦国大名・武田信玄との戦いにも兵を割《さ》かねばならず、さしもの信長も全くもって手詰まりの状況となる。

けれども、天正元年（一五七三）四月十二日に信玄が病没（「武田信玄」の項参照）した頃から雲行きが怪しくなり、長政は同年八月には織田方によって居城・近江小谷城（長浜市）を完全に包囲された。そこで、

浅井長政（名鉄小牧線間内駅前）

長政は劣勢を挽回するべく、同城本丸から討って出る。ところが、出撃直後に織田方に退路を断たれたため、やむなく長政は九月一日に家臣の屋敷で自刃して果てた。二十九歳であった。

浅井長政（左）とお市の方（右／ＪＲ北陸本線河毛駅前）

なお、義景は八月二十日に越前で、父・久政も八月二十八日（一説に前日）に小谷城小丸《こまる》で自刃したが、信長は自らを窮地に追い込んだ久政、長政、義景の三将がよほど憎かったのであろう。

信長の伝記である『信長公記《こうき》』によると、天正二年正月、信長は薄濃《はくだみ》（漆《うるし》塗《ぬ》りに金箔《きんぱく》を施すこと）を施した三将の髑髏《どくろ》を肴《さかな》として、側近と酒宴を催したという。

他方、お市の方や娘の淀殿《よどどの》、お初《はつ》（常高院《じょうこういん》）、お江《ごう》（崇《すう》源院《げんいん》）ら三姉妹は側近（織田一族）・藤懸永勝《ふじかけながかつ》（三河守《みかわのかみ》）の活躍（『浅井三代記』）により生還したが、浅井万福丸《まんぷくまる》（長政の嫡子）は信長の指示により命を奪われたという。

のちに、お市の方は織田家の重臣であった勝家と再婚し、勝家の居城・越前北ノ庄城（福井市）へ輿入れする。

ところが、信長の後継者の座をめぐって羽柴（豊臣）秀吉と争った勝家は、同十一年四月二十一日の賤《しず》ケ嶽《たけ》（長浜市）の戦い、二十四日の北ノ庄城攻防戦に敗北し、自刃して果てた。この時、お市の方は脱出を促されたにもかかわらず、それを断って後、夫・勝家と運命を共にする。また、淀殿、お初、お江の三姉妹はそれぞれ秀吉の側室、京極高次《きょうごくたかつぐ》の正室、徳川秀忠《ひでただ》の正室となり、激動の時代に波瀾極まりない生涯を送ることとなった。

ちなみに、お江は第二代将軍・秀忠の正室となって家光《いえみつ》を産んでいるので、江戸幕府の第三代から第七代の将軍は織田家、浅井家のＤＮＡを受け継いでいることになる。

駅前にある銅像のうち、子孫が建立した名鉄間内《まない》駅前の長政の銅像は、烏帽子《えぼし》、鎧《よろい》姿の立像である。一方、小谷城跡の最寄駅であるＪＲ河毛《かわけ》駅前の長政・お市の方夫妻の銅像は、現存する画像（肖像画／持明院《じみょういん》所蔵）を参考にしたと思われる坐像である。他に、長浜市役所浅井支所前には、長政・お市の方夫妻、万福丸、三姉妹の銅像が建立されている。

【駅前の銅像・石像】 浅井長政＝名鉄小牧線間内駅前（愛知県春日井市）。浅井長政・お市の方＝ＪＲ北陸本線河毛駅前（長浜市）。

【関連した銅像・石像】 浅井長政・お市の方・万福丸・三姉妹＝長浜市役所浅井支所（長浜市）。柴田勝家・お市の方・三姉妹＝柴田神社（北の庄城址・柴田公園／福井市）。

妻子と自刃した信玄の後継者

武田勝頼

【たけだかつより】 生没年＝一五四六～八二

織豊（安土桃山）時代の武将、甲斐（山梨県）の戦国大名。武田信玄（「武田信玄」の項参照）の四男で、生母は側室・諏訪《すわ》御《ご》料人《りょうにん》（諏訪頼重《よりしげ》の娘）。通称は四郎、姓は諏訪、伊奈《いな》とも。永禄八年（一五六五）の武田義信《よしのぶ》（信玄の嫡子、勝頼の異母兄）の失脚、天正元年（一五七三）の父の病没により、武田家の当主に就任する。次いで、東海方面で織田信長、徳川家康らを苦しめたが、同三年の設楽ケ原（長篠）の戦いで大敗を喫した。以後、内政面に意を注ぐが、重い軍事費負担などが原因で家臣団や領民の支持を失う。

そんな矢先の天正十年の年初、織田・徳川方などによる甲州《こうしゅう》征伐が開始される。その前後、一族や重臣が敵方へ裏切る中、追い詰められた勝頼、北条夫人（北条氏康《うじやす》の六女、勝頼の継室）、武

武田勝頼（ＪＲ中央本線甲斐大和駅前）

田信勝《のぶかつ》（勝頼の嫡子）らは甲斐天目山《てんもくさん》（山梨県甲州市）で相次いで自刃して果てた。当主の勝頼、世子《せいし》（次期当主）の信勝が揃って自刃したことにより、ここに源義光《みなもとのよしみつ》（新羅《しんら》三郎）以来の武田家は滅亡する。のちに、勝頼らの菩提を弔うために天目山に景徳院《けいとくいん》が創建された。

先年、最寄駅であるＪＲ甲斐大和《やまと》駅前には、手にした軍配で軍団を指揮する雄姿をモチーフとした勝頼の銅像が建立された。なお、最寄駅は明治三十六年（一九〇三）二月一日の開業から平成五年三月三十一日までは初鹿野《はじかの》という駅名で、「〽武運尽きたる武田氏の　重囲《じゅうい》の中に陥《おちい》りし　天目山は初鹿野の　駅より東二里の道」などと、『中央線鉄道唱歌』第十八番の歌詞にもなっていた。

【駅前の銅像・石像】武田勝頼＝ＪＲ中央本線甲斐大和駅前（甲州市）。

ローマ法王に拝謁した少年使節の一人

伊東マンショ

【いとうマンショ】生没年＝一五七〇～一六一二

織豊（安土桃山）時代、江戸時代初期のキリスト教信者。天正遣欧《てんしょうけんおう》少年使節の一人。マンショは洗礼名で、諱（実名）は祐益《すけます》。日向《ひゅうが》都於郡《とのこおり》城（宮崎県西都《さいと》市）主・伊東祐青《すけきよ》の子として元亀元年（一五七〇）に生まれた。大友宗麟の妹の孫に当たるという。天正十年（一五八二）に豊後《ぶんご》（大分県）の宗麟ら九州北部の戦国大名が天正遣欧少年使節をヨーロッパへ派遣した際、マンショ、千々石《ちぢわ》ミゲル、原マルチノ、中浦《なかうら》ジュリアンの四人が選ばれた。

宣教師・ヴァリニャーニに伴われた四人は長い航海の末にスペインのマドリードで国王・フェリペ二世に、イタリアのローマで法王・グレゴリウス十三世、シクストゥス五世に拝謁する。なお、市民権を得るなど四人はローマで大歓待され、少年使節の大役を果たすことに成功した。同

伊東マンショ（ＪＲ日南線日南駅前）

十八年、四人は肥前《ひぜん》長崎（長崎市）へ帰着するが、この間に天下統一した豊臣秀吉がバテレン追放令を発していたため、四人は活躍の機会を奪われる。

　このうち、入信したマンショはイルマン（修道士）を経てバテレン（司祭）となるが、慶長十七年（一六一二）に長崎で病没した。四十三歳であった。

　ちなみに、ジュリアンは信仰を貫き殉教、マルチノは海外追放となり、ミゲルは棄教《ききょう》している。各地のマンショの銅像のうち、遊歩公園（大分市）の銅像は騎馬像だが、ＪＲ日南《にちなん》駅前（宮崎県日南市）の銅像など他は全て、海外情勢や教義を説く姿をモチーフにしたと思われる立像である。

【駅前の銅像・石像】伊東マンショ＝ＪＲ日南線日南駅前（日南市）。

【関連した銅像・石像】伊東マンショ＝日向都於郡城跡（宮崎県西都市）、遊歩公園（大分市）。天正遣欧少年使節（四体）＝森園公園（長崎県大村市）。

秀吉に重用された毛利元就の三男

小早川隆景

【こばやかわたかかげ】生没年＝一五三三～九七

戦国時代、織豊（安土桃山）時代の武将。備後《びんご》三原城（広島県三原市）主、のち筑前《ちくぜん》名島《なじま》城（福岡市東区）主。幼名は徳寿丸《とくじゅまる》、通称は又四郎《またしろう》で、旧姓は毛利《もうり》。天文二年（一五三三）に安芸《あき》（広島県西部）の戦国大名・毛利元就《もとなり》の三男として生まれた。生母は正室・妙玖《みょうきゅう》で、兄に毛利隆《たか》元《もと》、吉川元春《きっかわもとはる》がいたが、父の命に従って同十三年に安芸の竹原小早川家、同十九年には沼田《ぬた》小早川家を相続する。のちに、隆景は三原城を拠点として、主に山陽道や瀬戸内海を受け持つ。この間、次兄・元春と共に父・元就、長兄・隆元、さらには毛利輝元《てるもと》（隆元の嫡子、隆景の甥）の三代を助け、「毛利の両川《りょうせん》」と称された。

わけても、弘治元年（一五五五）の厳島《いつくしま》の戦いでは水軍《すいぐん》を指揮し、勝利に貢献している。次い

小早川隆景（ＪＲ山陽新幹線ほか三原駅前）

で、豊臣秀吉の天下統一事業に協力した隆景は、天正十五年（一五八七）の九州征伐の後に筑前、筑後《ちくご》（以上、福岡県）を与えられ、さらに才幹《さいかん》を認められて豊臣政権の大老格《たいろうかく》に登用される。晩年には文禄《ぶんろく》元年（一五九二）からの朝鮮出兵に参加して奮戦したが、同四年に小早川秀秋《ひであき》（秀吉の甥、養子、隆景の養子）に家督を譲った。そんな隆景は慶長《けいちょう》二年（一五九七）に病没した。六十五歳であった。なお、ＪＲ三原駅前に隆景の銅像が建立されているが、銅像のあるすぐ側にかつての三原城の見事な堀や石垣が現存している。

【駅前の銅像・石像】小早川隆景＝ＪＲ山陽新幹線ほか三原駅前（三原市）。

【関連した銅像・石像】毛利元就＝郡山城跡（広島県安芸高田市）。吉川元春＝枝宮八幡《えだのみやはちまん》神社（同北広島町）。

異例の出世の末に天下を統一した太閤

豊臣秀吉【とよとみひでよし】

生没年＝一五三六？～九八

戦国時代、織豊（安土桃山）時代の武将、豊臣政権の指導者。通称は藤吉郎《とうきちろう》、受領名は筑前守《ちくぜんのかみ》、官職は関白、太政大臣《だじょうだいじん》で、旧姓は木下、羽柴。なお、関白を辞任した者や関白の職を子に譲った者を太閤というが、秀吉は関白の職を豊臣秀次《ひでつぐ》（秀吉の甥、養子）に譲って以降、好んで太閤と称している。天文五年（一五三六）、もしくは翌年に木下弥右衛門《やえもん》、仲《なか》（天瑞院《てんずいいん》）夫妻の長男として尾張中中村《おわりなかなかむら》（名古屋市中村区）に生まれた。父は貧しい領民、もしくは織田信秀（信長の父）に仕える足軽《あしがる》であったという。成人後に信長に仕え、各地の戦いで戦功をあげて軍勢の指揮を任されるまでにいたった。天正元年（一五七三）には浅井長政《あざいながまさ》の討伐に戦功をあげ、近江長浜城（滋賀県長浜市）主に栄進する。次いで、中国の平定を命ぜられ、播磨《はりま》姫路城（兵庫県姫路市）を

豊臣秀吉（ＪＲ北陸本線長浜駅前）

拠点として各地へ兵を進めた。
城攻めに際して秀吉は、決して無理な攻撃をせず、時として敵方の城を厳重に包囲するという戦法を重ねている。同時に敵方の武将を裏切らせるなどの調略《ちょうりゃく》も併用して、播磨三木城（兵庫県三木市）、因幡《いなば》鳥取城（鳥取市）を開城に追い込むなどした。

そんな秀吉が毛利方に属する備中《びっちゅう》高松城（岡山市北区）を「水攻め」で包囲していた同十年六月一日、信長が宿舎である京都・本能寺（京都市中京区）で重臣・明智光秀に襲撃され、自刃して果てた（本能寺の変）。まもなく、主君の自刃を知った秀吉は黒田孝高《よしたか》（如水《じょすい》、官兵衛《かんべえ》）の助言に従い、自刃の事実を伏せた上で毛利方と和睦を結ぶ。
その上で、軍勢を率いて上方《かみがた》へ急反転し、山城山崎《やましろやまざき》（京都府大山崎町ほか）で光秀に決戦を挑

豊臣秀吉（神戸市北区・有馬温泉湯けむり公園）

んで勝利した（山崎の戦い）。敗北後の光秀は態勢を立て直そうとした矢先、領民の繰り出した竹槍を躱《かわ》し切れず、小栗栖《おぐるす》（京都市伏見区）で落命している。次いで、秀吉は柴田勝家（信長の重臣）らと争ったが、同十一年の賤《しず》ケ嶽《たけ》の戦いで勝利し、信長の後継者の座を掌中に収める。同十二年の小牧・長久《ながく》手《て》の戦いでは徳川家康、織田信雄《のぶかつ》（信長の次男）に敗れたものの、戦後は秀吉が政治的に優位に立ち、同十三年に朝廷から関白、同十四年には太政大臣という高い官位を与えられた。

この後、薩摩（鹿児島県西部）の島津義久《よしひさ》、相模（神奈川県）の北条氏政《うじまさ》などといった諸国の戦国大名を相次いで攻め滅ぼした秀吉は、同十八年に天下統一をなし遂げている。内政面では太閤検地、刀狩りに代表される斬新な政策を断行し、外交面では南蛮貿易の振興を企図しつつ、バテレン追放令を発した。

しかし、晩年に得た豊臣鶴松《つるまつ》（秀吉の長男）が早世する頃から失政が続き、二次に及ぶ朝鮮出兵を強行するなどした。さらに、晩年に側室・淀殿（長政の長女）が産んだ豊臣秀頼《ひでより》（秀吉の次男）の将来を考える余り、いったんは後継者に指名していた関白・秀次や妻子、側近を死に追い込む。そんな秀吉は秀頼の行く末を案じつつ、慶長三年（一五九八）八月十八日に病没した。天文五年生まれであるとすれば、六十三歳ということになる。

各地の銅像のうち、「出逢いの像」という銘板が嵌め込まれているＪＲ長浜駅前の秀吉と石田三成の銅像は、秀吉と三成との出逢いをモチーフとしたものである。他に、常泉寺《じょうせんじ》、中村公園、長浜城跡に銅像が、さらに中村公園に秀吉と四人の仲間、矢作《やはぎ》橋に蜂須賀小六《はちすかころく》（正勝《まさかつ》）、有馬《ありま》温泉におね（秀吉の正室）、泰平寺《たいへいじ》に義久の銅像がそれぞれ建立されている。

【駅前の銅像・石像】豊臣秀吉・石田三成＝ＪＲ北陸本線長浜駅前（長浜市）。

【関連した銅像・石像】豊臣秀吉＝豊國《ほうこく》神社（大阪市中央区）、常泉寺（名古屋市中村区）、長浜城跡（豊《ほう》公園／長浜市）、墨俣《すのまた》一夜城（大垣市立墨俣歴史資料館／岐阜県大垣市）／ほか。日吉丸《ひよしまる》（豊臣秀吉）と仲間たち＝中村公園（名古屋市中村区）。日吉丸・蜂須賀小六＝矢作橋西詰（愛知県岡崎市）。豊臣秀吉・おね＝有馬温泉（湯けむり広場、おね橋前／神戸市北区）。豊臣秀吉・島津義久＝泰平寺公園（鹿児島県薩摩川内《せんだい》市）。豊臣秀次＝八幡公園（滋賀県近江八幡市）。豊臣秀頼＝玉造稲荷《たまつくりいなり》神社（大阪市中央区）。

加賀百万石の礎を築いたおしどり夫婦

前田利家・お松【まえだとしいえ・おまつ】

生没年＝（利家）一五三八〜九九／（お松）一五四七〜一六一七

　前田利家は織豊（安土桃山）時代の武将、加賀《かが》藩（金沢市）の藩祖で、お松（法名は芳春院《ほうしゅんいん》）は正室。利家の幼名は犬千代《いぬちよ》、通称は孫四郎、又左衛門《またざえもん》、受領名は筑前守で、羽柴姓も名乗った。天文七年（一五三八）に尾張荒子《おわりあらこ》城（名古屋市中川区）主・前田利昌《としまさ》の四男として生まれた。織田信長に仕えて桶狭間の戦い、姉川の戦いに参加し、天正三年（一五七五）からは柴田勝家の与力（麾下《きか》の武将）となる。同十年の信長の自刃を経て同十一年の賤ケ嶽の戦いの最中に豊臣（羽柴）秀吉の側へ転じ、戦後、加賀金沢城（金沢市）主に栄進する。以後、秀吉の天下統一事業に参加したため、石高は最終的に七十七万石（異説あり）に達する。晩年、豊臣家の大老《たいろう》に就任した利家は慶長四年（一五九九）に六十二歳で、時には夫を叱咤して奮起を促したお松は元和《げんな》三年

お松（左）と前田利家（名古屋臨海高速鉄道あおなみ線荒子駅前）

（一六一七）に七十一歳で病没したが、数々の苦難を克服して夫婦で加賀百万石の礎《いしずえ》を築いた点は見事という他はない。

各地の銅像のうち、名古屋臨海高速鉄道荒子駅前の利家の騎馬像とそれを見送るお松の立像は、同駅が荒子城跡の最寄駅であることにちなみ建立されたものである。能登《のと》小丸山城跡（石川県七尾市）にも夫妻の銅像があり、利家らを祀る尾山《おやま》神社（金沢市）などにも銅像が建立されている。

【駅前の銅像・石像】 前田利家・お松＝名古屋臨海高速鉄道あおなみ線荒子駅前（名古屋市中川区）。前田利長＝JR北陸本線ほか高岡駅前（富山県高岡市）。
【関連した銅像・石像】 前田利家・お松＝能登小丸山城跡（小丸山公園／七尾市）。前田利家＝金沢城公園、尾山神社（金沢市）。

膨大な作品を残した能登七尾出身の絵師

長谷川等伯

【はせがわとうはく】生没年＝一五三九～一六一〇

織豊（安土桃山）時代、江戸時代初期の絵師、長谷川派の祖。幼名、通称は菊松《きくまつ》、又四郎、帯刀《たてわき》で、号は信春《しんしゅん》ともいい、本姓は奥村であるという。ちなみに、かつては等伯と信春とは別人（父と子）とみなされていたが、近年は両人を同一人物とみなす説が優勢である。天文八年（一五三九）に能登七尾（石川県七尾市）で生まれた。絵師・雪舟《せっしゅう》の流れを汲む長谷川宗清《そうせい》（道浄／等伯の養父）、等春《とうしゅん》に師事し、当初は能登（石川県北部）で仏画、画像（肖像画）などを描いた。のちに、京都へ赴いて画壇の主流だった狩野《かのう》派の絵師に入門したが、この頃には南宋《なんそう》（中国）の絵師・牧谿《もっけい》の作品から影響を受けたという。

やがて、自ら雪舟の直系の絵師であることを自称しつつ古典的水墨画の復興に傾注し、狩野派

長谷川等伯（ＪＲ七尾線ほか七尾駅前）

とは決別するにいたった。代表作品には水墨画の国宝「松林図屏風《びょうぶ》」などの障壁画があり、国重要文化財「伝名和《なわ》長年《ながとし》像」（以上、東京国立博物館所蔵）、同「武田信玄像」（成慶院所蔵／「武田信玄」の項参照）などの画像も現代に伝えられている。

他に等伯が語ったものを僧侶・日《にっ》通《つう》が筆記した国重要文化財『等伯画説』（本法寺《ほんぽうじ》所蔵）があるが、この『等伯画説』は現存するわが国最古の画論書《がろんしょ》とみられており、研究者の間で高い評価を得ている。最晩年、徳川家康に招かれて江戸へ赴いたが体調を崩し、慶長十五年（一六一〇）に江戸で病没した。七十二歳であった。現在、郷里であるＪＲ七尾駅の駅前には、笠を被《かぶ》った等伯が七尾を旅立つ姿を再現した銅像が建立されている。

【駅前の銅像・石像】長谷川等伯＝ＪＲ七尾線・のと鉄道七尾駅前（七尾市）。

歌舞伎踊りを創始した謎の女性

出雲阿国【いずものおくに】生没年＝不詳

織豊（安土桃山）時代、江戸時代前期の女性芸能者で、現在では歌舞伎の始祖とみなされている。出自に関しては出雲大社（島根県出雲市）ゆかりの鍛冶《かじ》職人の娘、同大社の巫女《みこ》、出雲路《いずもじ》（京都市北区付近）の時宗《じしゅう》僧侶の娘などとする説など諸説がある。『多聞院《たもんいん》日記』によると、天正十年（一五八二）に春日《かすが》大社（奈良市）の若宮殿で女性芸能者・国がややこ踊りなるものを舞ったという。慶長五年（一六〇〇）には二人の女性・国と菊とが京都でややこ踊りを舞い、洛中《らくちゅう》に舞台を持つまでになった。このうちの国こそが、出雲阿国のことと推測されている。また、阿国は自ら脇差《わきざし》を差すなどして男装し、一座の女性にも同様にさせた。その有り様が余りに傾《かぶ》いたもの（＝自由奔放で、勝手な振る舞い）であったことから、ややこ踊りは歌舞伎踊りと呼ばれるよ

出雲阿国（京阪本線祇園四条駅前）

うになり、これが歌舞伎へと発展していく。

また、阿国は夫、もしくは愛人の名古屋山《さん》三郎《ざぶろう》から踊りに関する助言を受けたとする説が広く流布した。そんな阿国は慶長十八年頃に六十七歳で没したなどとされているが、この点も出自と同様に判然としない。

現在、京阪祇園《ぎおん》四条駅前の四条大橋東詰にある出雲阿国の銅像は、右手に扇、左手に刀を持った阿国が、躍動的かつ優雅に舞う姿を再現している。阿国が見つめる先には上方《かみがた》歌舞伎の拠点・南座《みなみざ》（松竹京都四條南座／京都市東山区）があり、同座の敷地内には阿国歌舞伎発祥地の石碑が建立されている。

【駅前の銅像・石像】阿国＝京阪本線祇園四条駅前（京都市東山区）。
【関連した銅像・石像】阿国＝道の駅「大社ご縁広場」（出雲市）。

逸話で有名な土佐藩祖とその正室

山内一豊・見性院【やまうちかずとよ・けんしょういん】

生没年＝（山内一豊）一五四六～一六〇五／（見性院）一五五七？～一六一七

山内一豊は織豊（安土桃山）時代の武将、江戸時代初期の大名、土佐藩《とさ》（高知市）初代藩主で、千代こと見性院は正室。一豊の通称は猪右衛門《いえもん》、受領名は対馬守《つしまのかみ》、土佐守。天文十五年（一五四六）に山内盛豊《もりとよ》の次男として尾張黒田城（愛知県一宮市）で生まれ、織田信長に仕えた。天正十年（一五八二）の信長の自刃後は豊臣秀吉の天下統一事業に参加する。慶長五年（一六〇〇）の関ケ原の戦いでは居城・遠江《とおとうみ》掛川城（静岡県掛川市）を徳川家康に差し出し、前哨戦である美濃《みの》岐阜城（岐阜市）の攻防戦で手柄をあげた。関ケ原（岐阜県関ケ原町）の戦いの戦勝後、家康によって二十万石の土佐藩主に抜擢されている。一方、出生地に近江飯村《いむら》（滋賀県米原市《まいばら》）説と美濃郡上八幡城《ぐじょうはちまん》（岐阜県郡上市）説がある見性院は、①苦しい家計をやりくりした、②夫に名馬を

山内一豊と馬（黒田城跡）。ＪＲ東海道本線木曽川駅ホームの端から同城跡付近がみえる

山内一豊（左）と見性院（右／ＪＲ北陸本線坂田駅前）

買う資金を渡した、③豊臣方の動向を記した書状を夫へ送った、などの「内助の功」で有名である。そんな一豊は慶長十年に六十歳で、見性院は元和三年（一六一七）に六十一歳（異説あり）で病没した。各地の像のうち、ＪＲ木曽川駅前の黒田城跡の銅像は一豊の生誕地に建立されたもので、ＪＲ坂田駅前の像は同駅が一豊の生母にもゆかりの飯村の最寄駅であることなどにちなみ建立されたものである。

【駅前の銅像・石像】 山内一豊・見性院＝ＪＲ北陸本線坂田駅前（米原市）。山内一豊・馬＝ＪＲ東海道本線木曽川駅から徒歩5分の黒田城跡（一宮市）。

【関連した銅像・石像】 山内一豊・見性院・馬＝城山公園（郡上市）。山内一豊＝高知城（高知市）。見性院＝土佐高知城（同市）。

越中高岡を愛した利家の嫡子

前田利長

【まえだとしなが】生没年＝一五六二〜一六一四

織豊（安土桃山）時代の武将、江戸時代初期の大名。加賀《かが》藩（金沢市）初代藩主。幼名は犬千《いぬち》代《よ》、通称は孫四郎、官職は中納言などで、諱（実名）は利勝《としかつ》とも。

永禄五年（一五六二）に前田利家、お松（芳春院《ほうしゅんいん》）夫妻の嫡子として生まれた。当初は父と織田信長に属し、才幹を認められて玉泉院《ぎょくせんいん》（信長の娘）を正室に迎える。天正十年（一五八二）の信長の自刃後、父と豊臣秀吉の天下統一事業に参加し、慶長三年（一五九八）には利家から家督を譲られて七十七万石（異説あり）の加賀金沢城主となった。

同じ年に秀吉、同四年に利家が病没すると豊臣家の大老《たいろう》に就任するが、関係が悪化した徳川家康のもとへ生母・芳春院が人質として赴く。同五年の関ケ原の戦いでは利長は徳川方、前田利政《としまさ》

前田利長（ＪＲ北陸本線ほか高岡駅前）

（利家の次男、利長の弟）は豊臣方に身を投じた。

徳川方が凱歌《がいか》をあげた後、家康は北陸で活躍した利長に約四十万石を加増した。この結果、加賀、能登（以上、石川県）、越中《えっちゅう》（富山県）を領する利長の石高は、諸大名随一の百二十万石となる。ただし、利政はおとり潰しとなり、生母・芳春院は引き続き人質生活を強いられた。

なお、同十年に家督を譲って以後、利長は越中高岡城（富山県高岡市）で余生を送り、同十九年に病没する。五十三歳であった。のちに、瑞龍寺《ずいりゅうじ》（同市）が菩提寺とされたこともあり、瑞龍寺やJR高岡駅前などに鯰尾《なまずお》の兜《かぶと》を被った利長の銅像が建立されている。

【駅前の銅像・石像】前田利長＝ＪＲ北陸本線ほか高岡駅前（高岡市）。

【関連した銅像・石像】前田利長＝高岡古城公園、瑞龍寺（以上、高岡市）。

仙台の城下町をつくった奥羽の雄

伊達政宗【だてまさむね】

生没年＝一五六七～一六三六

織豊（安土桃山）時代の武将、江戸時代前期の大名。陸奥《むつ》仙台藩（仙台市）の初代藩主。幼名は梵天丸《ぼんてんまる》、受領名は陸奥守、官職は権中納言など。永禄十年（一五六七）に奥羽《おうう》（東北地方）南部の戦国大名・伊達輝宗《てるむね》の嫡子として生まれた。天正十三年（一五八五）に父が乱戦の中で落命した後、家督を継いで領地の拡大に着手する。やがて、重臣の片倉景綱《かたくらかげつな》（小十郎《こじゅうろう》）らの協力を得て同十七年に摺上《すりあげ》ケ原《はら》の戦いで蘆名義広《あしなよしひろ》を破り、奥羽南部の過半を掌中に収めることに成功した。ところが、同十八年に豊臣秀吉の小田原征伐に遅参したために多くの領地を失う。慶長五年（一六〇〇）の関ケ原の戦いでは徳川方に身を投じ、豊臣方に属した上杉景勝《かげかつ》らの軍勢と激闘を演じる。戦勝後、加増を得て石高が六十二万石となり、居城を陸奥岩出山《いわでやま》城（宮城県大崎市）から仙

伊達政宗（ＪＲ陸羽東線有備館駅構内）

台城（青葉城／仙台市青葉区）へ移して城下町の構築に腐心した。寛永《かんえい》十三年（一六三六）に病没。七十歳であった。

各地の銅像のうち、ＪＲ陸羽東《りくうとう》線有備館《ゆうびかん》駅に設置されている銅像（騎馬像）は、かつてＪＲ東北新幹線仙台駅に設置されていたが、平成二十年に駅舎の改築を機に仙台駅から岩出山城跡の最寄駅である有備館駅へ移転している。

一方、弦月《げんげつ》（三日月形）の前立《まえだて》の兜を被った青葉城山公園（仙台城跡）の政宗の騎馬像は、地元の人々や観光客に大変人気がある。

【駅前の銅像・石像】伊達政宗＝ＪＲ陸羽東線有備館駅構内（大崎市）。
【関連した銅像・石像】伊達政宗＝青葉城山公園、伊達政宗（胸像）＝、仙台市立博物館（以上、仙台市青葉区）。片倉景綱（小十郎）＝傑山寺《けっさん》（宮城県白石市《しろいし》）。

民謡『黒田節』で知られる名物武士

母里太兵衛

【もりたへえ】生没年＝一五五六～一六一五

織豊（安土桃山）時代、江戸時代前期の武士、黒田孝高《よしたか》（如水《じょすい》、官兵衛《かんべえ》）の重臣。民謡『黒田節』のモデル。通称は万助《まんすけ》、但馬《たじま》ともいい、諱（実名）は友信《とものぶ》、旧姓は曾我《そが》。弘治二年（一五五六）に曾我一信《かずのぶ》の子として播磨《はりま》妻鹿《めが》（兵庫県姫路市）で生まれ、孝高、黒田長政《ながまさ》（孝高の嫡子）に仕え、九州征伐、朝鮮出兵などで得意の槍を駆使して先手《さきて》（先頭部隊）を務めた。また、慶長五年（一六〇〇）の関ケ原の戦いでは摂津《せっつ》大坂（大阪市）にいた光《てる》（孝高の正室、長政の生母）らを救出している。のちに、筑前《ちくぜん》福岡藩（福岡市）主となった長政によって一万八千石の筑前大《おお》隈《くま》城（福岡県嘉麻《かま》市）代に抜擢された。この間、山城伏見《やましろふしみ》城（京都市伏見区）下の福島正則《まさのり》のもとへ使いし、大盃《たいはい》に注がれた酒を見事に飲み干して名槍《めいそう》「日本号」を得る。元和《げんな》元年（一六一五）

母里太兵衛（ＪＲ山陽新幹線ほか博多駅前）

に病没。六十歳であった。

現在、福岡市博多《はかた》区のＪＲ博多駅前と、同中央区の西公園内光雲神社とに太兵衛の銅像が、同早良《さわら》区の福岡市総合図書館に孝高の銅像（胸像）がある。なお、博多駅前、西公園のものは共に裃《かみしも》を着た立像だが、前者が右手に大盃を、左手に「日本号」を持っているのに対して、後者はその逆である。

ちなみに、博多駅前の立像は市内屈指の待ち合わせ場所、観光スポットだが、太兵衛を題材とした柔和な顔立ちの博多人形も観光客に人気があるという。

【駅前の銅像・石像】母里太兵衛＝ＪＲ山陽新幹線・福岡市営地下鉄空港線ほか博多駅前（福岡市博多区）。
【関連した銅像・石像】母里太兵衛＝光雲神社（福岡市中央区）。黒田孝高（胸像）＝福岡市総合図書館（福岡市早良区）。

秀吉のために命を奪われた二十六人の殉教者

長崎二十六聖人

【ながさき二十六せいじん】生没年＝～一五六七

長崎二十六聖人とは慶長元年（一五九七）に肥前《ひぜん》長崎（長崎市）で殉教《じゅんきょう》したキリスト教関係者二十六人のこと。

同年、来日した「フェリペ号」の乗組員は、「スペイン国王がキリスト教の布教にかこつけて世界征服を企んでいる！」などという虚言を口にする。しかし、それを鵜呑《うの》みにした豊臣秀吉はあろうことか、畿内（近畿地方）にいたキリスト教の外国人司祭、修道士、日本人修道士、信者、関係者など二十六人を捕縛した。さらに、秀吉は長崎へ護送した上で、十二歳の少年・ルドビコ茨木を含む全員の命を西坂の地で奪ってしまう。これらの人々は文久二年（一八六二）にローマ法王によって聖人の位《くらい》に列されて以降、長崎二十六聖人、日本二十六聖人と呼ばれている。現在、

長崎二十六聖人の記念碑（JR長崎本線ほか長崎駅前・西坂公園）
長崎二十六聖人＝フランシスコ吉、コスメ竹屋、ペトロ助四郎、ミカエル（ミゲル）小崎、ディエゴ喜斉、パウロ三木、パウロ茨木、○ヨハネ五島、ルドビコ茨木、長崎のアントニオ、◎ペトロ・バプチスタ、◎マルチノ・デ・ラ・アセンシオン、○ゴンザロ・ガルシア、○フィリッポ・デ・ヘスス、◎フランシスコ・ブランコ、○フランシスコ・デ・サン・ミゲル、マチアス、レオン烏丸、ボナベントウラ、トマス小崎、ヨアキム（ホアキン）榊原、医者（薬師）のフランシスコ、トマス談義者、ヨハネ絹屋、ガブリエル、パウロ鈴木（◎＝司祭、○＝修道士）

二十六人の終焉《しゅうえん》の地は西坂公園となっており、ここには全員の等身大のレリーフが嵌め込まれた大きな記念碑と記念館が建てられている。また、レリーフの下の部分には、「人若《も》し我に従はんと欲《ほっ》せば　己《おのれ》を捨て十字架をとりて我に従ふべし」という『マルコによる福音書』第八章の一節が刻まれている。

なお、かつて西坂公園からＪＲ長崎駅の駅舎、ホーム、留置線などがよく見えたというが、これまでに同公園の南側に多くのビルが建てられた。それでも、現在も同公園から長崎駅の改札前（かもめ広場付近）の屋根、留置線の一部を目にすることが出来る。

【駅前の銅像・石像】記念碑（レリーフ形式／二十六体）＝ＪＲ長崎本線長崎駅・長崎電気軌道長崎駅前電停前・西坂公園（長崎市）。

徳川家康に挑んだ五奉行のリーダー

石田三成【いしだみつなり】生没年＝一五六〇～一六〇〇

織豊（安土桃山）時代の武将、豊臣家の五奉行《ごぶぎょう》の一人。慶長五年（一六〇〇）の関ケ原の戦いで豊臣方の主将を務めたことで名高い。幼名は佐吉《さきち》、官職は治部少輔《じぶのしょう》で、通称の表記は三也とも。永禄三年（一五六〇）に石田正継《まさつぐ》の子として近江石田村（滋賀県長浜市）で生まれた。

十代半ばの頃、長浜城主であった豊臣（羽柴）秀吉に仕え、天正十五年（一五八七）の九州征伐などで兵員の輸送、兵糧の調達で手腕を発揮した。また、秀吉の命に従い諸国で太閤《たいこう》検地を実施するなど、主に行政面で功績を残し、豊臣政権の奉行、近江佐和山《さわやま》城（滋賀県彦根市）主に抜擢される。けれども、文禄元年（一五九二）からの朝鮮出兵などで福島正則、加藤清正《きよまさ》（共に秀吉の従弟《いとこ》）らの武将派の面々と対立した。慶長三年の秀吉の病没後、徳川家康が豊臣家の実権を

石田三成（ＪＲ北陸本線長浜駅前）

奪うと、三成は宇喜多秀家《うきたひでいえ》、安国寺《あんこくじ》恵瓊《えけい》、小西行長《ゆきなが》らと豊臣秀頼（秀吉の次男）を奉じて挙兵したが、美濃関ケ原（岐阜県関ケ原町）の決戦では豊臣方に裏切り、傍観が相次ぐ。大敗後、付近の山中で捕縛された三成は、恵瓊、行長と共に京都で斬られた。四十一歳であった。

　現在、長浜城跡の最寄駅であるJR長浜駅前に、秀吉と元服前の佐吉こと三成との初対面のシーンを再現した立像がある。他に生誕地といわれる長浜市石田町の石田会館に柔和な顔立ちの坐像、佐和山城跡の龍潭寺《りょうたんじ》には闘志を内に秘めたかのような精悍《せいかん》な顔立ちの坐像が建立されている。

【駅前の銅像・石像】豊臣秀吉・石田三成＝ＪＲ北陸本線長浜駅前（長浜市）。
【関連した銅像・石像】石田三成＝石田会館（長浜市）、龍潭寺（彦根市）。

家康を支えた「徳川四天王」の一将

井伊直政

【いいなおまさ】生没年＝一五六一～一六〇二

織豊（安土桃山）時代の武将、江戸時代初期の大名。近江彦根《おうみひこね》藩（滋賀県彦根市）の藩祖。幼名、通称は虎松《とらまつ》、万千代《まんちよ》、官職は兵部少輔《ひょうぶのしょう》、侍従。永禄四年（一五六一）に井伊直親《なおちか》の子として生まれる。少年時代に父の横死、流浪を経験し、三河（愛知県東部）へ来て戦国大名の徳川家康に仕えた。各地を転戦して戦功を重ねる一方、相模（神奈川県）の戦国大名・北条氏政らとの和睦交渉などでも足跡を残す。徳川方に属した慶長五年（一六〇〇）の関ケ原の戦いでは、開戦劈《へき》頭《とう》に松平忠吉《ただよし》（家康の四男、直政の娘婿）と共に豊臣方に抜け駆けを敢行《かんこう》し、味方の先鋒《せんぽう》・福島正則《まさのり》、可児才蔵《かにさいぞう》（吉長《よしなが》）らを悔しがらせた。

戦勝後、十八万石の近江佐和山《さわやま》藩（彦根市）主に抜擢されたが、直政自身は戦傷が悪化して同

井伊直政（ＪＲ東海道本線彦根駅前）

七年に没した。四十二歳であった。なお、新たな居城・近江彦根城（同市）を構築した井伊家は彦根藩主として存続したが、直政は天正十年（一五八二）の甲州征伐の後に武田家の旧臣《きゅうしん》を召し抱えて「井伊の赤備《あかぞな》え」としていた。このように、彦根藩の軍制や藩政の基礎は佐和山藩主時代の直政が築いたとみても大過はないであろう。

各地の銅像のうち、ＪＲ彦根駅前の直政の銅像は騎馬像だが、彦根城や横浜市西区の掃部山《かもんやま》公園には子孫である江戸幕府の大老・井伊直弼《なおすけ》の立像がある。

【駅前の銅像・石像】 井伊直政＝ＪＲ東海道本線彦根駅前（彦根市）。

【関連した銅像・石像】 井伊直弼＝彦根城（彦根市）、掃部山公園（横浜市西区）。可児才蔵＝才蔵寺（広島市東区）。

関ケ原で敵中突破をした薩摩の猛将

島津義弘【しまづよしひろ】

生没年＝一五三五～一六一九

戦国時代、織豊（安土桃山）時代の武将。薩摩（鹿児島県西部）の戦国大名・島津義久の弟。地元では守護代《しゅごだい》（副知事／司令官代理）とみなされているが、義弘が島津家の当主、戦国大名であったとみる見方もある。通称は又四郎、号は惟新《いしん》、官職は兵庫頭《ひょうごのかみ》ほか。

天文四年（一五三五）に島津貴久《たかひさ》の次男として生まれた。兄に島津義久、弟に歳久《としひさ》、家久《いえひさ》（中務大輔《なかつかさのたいふ》）があり、父や兄の命で歳久、家久と九州各地を転戦する。やがて、各地の戦国大名を攻め滅ぼし、九州の過半を島津家の版図に組み入れた。しかし、島津家は同十五年の豊臣秀吉の九州征伐に屈伏して多くの領地を失い、薩摩、大隅《おおすみ》（以上、鹿児島県）などを安堵《あんど》されている。次いで、慶長五年（一六〇〇）の関ケ原の戦いで義弘は、心ならずも豊臣方へ身を投じる。裏切

島津義弘（ＪＲ鹿児島本線伊集院駅前）

り、傍観が続出して味方が総崩れとなる中、義弘は約千人余の家臣と敢《あ》えて徳川方の大軍へ突入し、奇跡の生還を果たしている。戦後、引退した義弘は元和五年（一六一九）に病没した。八十五歳であった。

現在、鹿児島県日置《ひおき》市のＪＲ伊集院《いじゅういん》駅前に建立されている采配を振る姿の義弘の銅像（騎馬像）は、関ケ原での敵中突破の雄姿を再現している。この銅像は伊集院駅が戦国時代の島津家の居城・一宇治《いちうじ》城跡や、義弘を祀る徳重《とくしげ》神社の最寄駅であることにちなみ、建立されたものである。

【駅前の銅像・石像】島津義弘＝ＪＲ鹿児島本線伊集院駅前（日置市）。

【関連した銅像・石像】島津忠良（義久、義弘らの祖父）＝南さつま市総合保健福祉センターふれあいかせだ（鹿児島県南さつま市）。島津義久・豊臣秀吉＝泰平寺《たいへいじ》公園（鹿児島県薩摩川内市）。

コラム③　沖縄県の鉄道と「駅前の銅像」

本書の本文では各都道府県で少なくとも一体以上の「駅前の銅像」を取り上げるべく、都道府県ごとのバランスを考慮した。けれども、四十七都道府県のうち、沖縄県だけは「駅前の銅像」を取り上げることが出来なかった。そこで、ここでは沖縄県の鉄道の歴史に触れた上で、同県の「駅前の銅像」に準じる存在の銅像、銅像跡に触れたいと思う。

沖縄県の鉄道の歴史

沖縄県は琉球《りゅうきゅう》王国の時代から沖縄本島（一二〇八平方キロ）が政治、経済の中心地であった。かかる事情を反映して、明治二十七年（一八九四）前後から沖縄本島での鉄道敷設《ふせつ》に関する申請が鉄道庁、鉄道局に相次ぐが、全てが却下や計画倒れとなる。

ちなみに、同三十一年当時、わが国最大の私設鉄道（私鉄）であった日本鉄道会社（後述）の「百株以上株主人名表」（鉄道博物館所蔵／『図説日本鉄道会社の歴史』四十四頁）では、十二番目（八千五百二十一株）に宜野湾王子《ぎのわんおうじ》・尚寅《しょういん》（尚泰《たい》の次男）の名を、十五番目（七千五百九十株）

に最後の琉球王・尚泰の名を見つけることが出来る。

　そういった状況下の同三十五年、沖縄県で最初の鉄道が敷設《ふせつ》されたが、場所は沖縄本島の東方約四〇〇キロの洋上に浮かぶ南大東島《みなみだいとうじま》（南大東村）であった。敷設者は玉置《たまおき》商会の玉置半右衛門《はんえもん》（一八三八～一九一〇）で、実態は収穫したサトウキビを運搬するための手押しのトロッコ鉄道である。そのトロッコ鉄道も事業権が大正六年（一九一七）以降、東洋製糖→大日本製糖→大東糖業と移るが、東洋製糖が事業権を得た段階でゲージが七六二ミリに改められ、蒸気機関車も導入されて、やがて旅客営業も開始された。

玉置半右衛門（沖縄県南大東村）

　ところが、大日本製糖時代の昭和二十年（一九四五）、太平洋戦争の空襲、艦砲《かんぽう》射撃により壊滅的な打撃を受ける。それでも、同二十五年以降、大東糖業によって沖縄県の鉄道で唯一復旧され、最盛期には島を一周する路線や多くの支線など合計約三〇キロも敷設されて、ディーゼル機関車の導入も実現した。けれども、シュガートレインの愛称で親しまれた鉄道も同五十八年春までに運行をとり止め、惜しくも廃止となってしまう。

一方、沖縄本島では大正三年以降、那覇市などを中心に沖縄県営鉄道（軽便《けいべん》鉄道）、沖縄電気軌道（路面電車）、沖縄軌道（馬車鉄道）、糸満《いとまん》馬車軌道（同）が相次いで敷設される。ただし、収穫したサトウキビを輸送するためのトロッコ鉄道を前身とするものも多く、沖縄電気軌道と糸満馬車軌道はバス輸送の充実により昭和初期に廃止に追い込まれた。

与那原《よなばる》線、嘉手納《かでな》線、糸満線、海陸連絡線の四路線（合計約四六・八キロ）を有し、「ケービン」の愛称で県民に親しまれていた沖縄県営鉄道も昭和二十年、太平洋戦争の空襲、艦砲射撃により壊滅的な打撃を受ける。戦後、沖縄本島の鉄道が復旧されることはなく、那覇市はわが国で唯一、「鉄道が走らない県庁所在地」となってしまう。

なお、同五十年、五十一年に開催された沖縄国際海洋博のメイン会場（本部町《もとぶ》）では、新交通システムが営業運転をしたが、案内軌条《あんないきじょう》式のこの新交通システムは営業運転としてはわが国初のものであった。このため、大いに注目されたが、閉会後、あっさり撤去される。以上のような歴史を有する沖縄県の鉄道は、平成十五年の沖縄都市モノレール（那覇空港駅→首里《しゅり》駅間）開業によって、新たな段階へ突入したといってもよいであろう。

沖縄県の「駅前の銅像」

現在、沖縄県内に建立されている歴史上の人物の銅像は、琉球王の尚円《えん》（伊是名《いぜな》村）、十五世紀に圧政に立ち向かった豪族・オヤケアカハチ（石垣市）、十七世紀の名護《なご》親方《うぇーかた》・程順則《ていじゅんそく》（同名護市）、中国から甘藷《かんしょ》（サツマイモ）を伝えた野國總管《のぐにそうかん》（嘉手納《かでな》町）らの銅像など、琉球王国に直接間接関わるものが少なくない。

また、那覇市制七十周年、及び同市と中国福州《ふくしゅう》市との友好都市締結十周年を記念して開園した中国庭園・福州園（那覇市）には、中国の詩人・李白《りはく》の石像が建立されている。

次に、現在、ゆいレールの全十五駅のうち、大部分の駅の駅前には小型のシーサーのモニュメントがあり、牧志《まきし》駅の駅前には大型のシーサーのモニュメントが設置されている。けれども、ゆいレールの各駅には残念なことに歴史上の人物をモデルとした「駅前の銅像」がない。しかしながら、「駅前の銅像」に準じる存在の銅像、銅像跡はある。

まず、廃止となった旧・大東糖業西港《にしこう》線西港駅（南大東村）の近くに、玉置半右衛門の銅像（胸像）が建立されている。八丈島《はちじょうじま》（東京都八丈町）出身の半右衛門は南大東島で手押しのトロッコ鉄道を敷設し、製糖業を軌道に乗せた人物なのだが、鳥島《とりしま》（東京都八丈支庁）でアホウドリ数百万羽を捕獲して絶滅寸前にまで追い込み、南大東島では（八丈島出身者を優遇する一方で）沖縄県出身の労働者を冷遇した人物でもある。

また、現在のゆいレール奥武山《おうのやま》公園駅前、壺川《つぼかわ》駅前に当たる奥武山公園の地にはかつて、日本鉄道会社社長、沖縄県令《けんれい》（県知事）などを務めた政治家・奈良《なら》原《はら》繁《しげる》（一八三四〜一九一八）の銅像（立像／彫刻家・大熊氏廣《うじひろ》制作）が建立されていたが、太平洋戦争中の金属供出により撤去された。現在、奥武山公園には台座跡だけが残る。

シーサーのモニュメント
（ゆいレール牧志駅前）

薩摩藩（鹿児島市）出身の繁は寺田屋事件、生麦《なまむぎ》事件などに関係した人物で、維新後は明治十七年十月から同二十五年三月まで日本鉄道会社社長、同年七月から同四十一年四月まで沖縄県令を務めた。繁は沖縄県では教育の改革、土地制度の改革、港湾の整備を強力に推進し、一時は琉球王の異名を得たほどである。ところで、日本鉄道会社は現在のＪＲ山手線の一部、高崎線、東北本線、常磐《じょうばん》線、両毛《りょうもう》線、水戸線、日光《にっこう》線を敷設、もしくは買収するなど、東京以北の鉄道網整備に重要な役割を果たした鉄道会社であった。その日本鉄道会社は明治三十九年の鉄道国有法により国有化されたが、在任中に上野駅〜青森駅間の開業を実現させるなど、繁は社長として確固たる業績を残している。

第四章　江戸時代の人物

江戸幕府を築いた初代将軍

徳川家康【とくがわいえやす】

生没年＝一五四二〜一六一六

織豊（安土桃山）時代の武将、江戸幕府の初代将軍。三河《みかわ》岡崎城（愛知県岡崎市）主・松平広《ひろ》忠《ただ》の嫡子として出生するが、幼少期に父と生母・於大《おだい》の方《かた》との離婚、尾張《おわり》（愛知県西部）の織田信秀《のぶひで》（信長の父）や駿河《するが》（静岡県東部）の今川義元《よしもと》のもとでの人質生活、さらに父の横死《おうし》といった出来事を相次いで経験した。そんな中、永禄《えいろく》三年（一五六〇）に桶狭間の戦いで義元が討死にすると岡崎城へ戻って自立し、織田信長と「清洲《きよす》同盟」を締結して力を蓄えた。

次いで、家康は今川氏真《うじざね》（義元の嫡子）の衰退に乗じ、東進策《とうしんさく》（＝東方へ進撃する作戦）を繰り広げて実をあげている。しかし、元亀《げんき》三年（一五七二）に甲斐《かい》（山梨県）の武田信玄との三方《みかた》ケ原《はら》の戦いで惨敗《ざんぱい》を喫するが、翌年（天正《てんしょう》元年／一五七三）に信玄が遠征先で客死したため窮地

松平竹千代（JR東海道新幹線ほか静岡駅前）

を脱した。同十年の本能寺の変の時は苦労の末に伊賀《いが》越えを敢行《かんこう》し、信長の後継者の座をめぐっては織田信雄《のぶかつ》（信長の次男）と手を組んで同十二年の小牧・長久《ながく》手《て》の戦いで羽柴（豊臣）秀吉に一泡《ひとあわ》ふかせる。

けれども、秀吉が政治的に優位に立ったため、以後は臣従《しんじゅう》を強いられた。同十八年、秀吉が天下統一をなし遂《と》げる段階で、家康は後北条氏《ごほうじょうし》の旧領地・関東への国替えを命じられる。そこで、家康は武蔵《むさし》江戸城（東京都千代田区）へ入城し、城の増築、城下町の整備にも本腰を入れた。さらに、豊臣政権で家康は、二百五十万石を領する大大名として重きをなし、大老《たいろう》の筆頭に抜擢される。

慶長《けいちょう》三年（一五九八）八月十八日、秀吉は家康ら五大老、石田三成《みつなり》ら五奉行に後事を託して病没した。その直後、家康は政治の実権を掌握し、それに反発した三成ら豊臣方を同五年の関ケ原の戦いで撃破する。戦勝後、家康は全国規模で論功行賞《ろんこうこうしょう》を実施し、大名に対して領地の加増、安《あん》

徳川家康（ＪＲ東海道新幹線ほか静岡駅前）

堵《と》、削封《さくほう》、改易《かいえき》を断行した。さらに、同八年に朝廷によって征夷大将軍《せいいたいしょうぐん》に補任《ぶにん》されると、江戸城を政庁とする江戸幕府を開く。ところが、同十年には将軍の座を徳川秀忠《ひでただ》（家康の三男）に譲って隠居し、自らは駿府《すんぷ》城（静岡市葵《あおい》区）に移り住んで大御所《おおごしょ》政治を開始した。最晩年の家康は元和《げんな》元年（一六一五）に秀忠と共に摂津《せっつ》大坂城（大阪市中央区）の豊臣秀《ひで》頼《より》（秀吉の次男）を攻め滅ぼす一方、江戸幕府の基礎固めに心を砕いている。そんな家康は同二年四月十七日に七十四歳で病没して久能山《くのうざん》（静岡市駿河区）へ埋葬されたが、遺骸はのちに日光山《にっこうさん》（栃木県日光市）へ改葬されている。

なお、家康が松平竹千代《たけちよ》→同元信《もとのぶ》→同元康《もとやす》→徳川家康と改名を続けた関係で、銅像、石像は少年時代のものは松平竹千代、青年時代のものは松平元康と

松平元康（ＪＲ東海道本線ほか岡崎駅前）

して建立されている。

また、家康が軍事訓練などの観点から鷹狩《たかが》りを重要視していたという故事を反映して、駿府城公園の銅像は左手に鷹を据《す》えており、江戸東京博物館の銅像は鷹狩りの装束《しょうぞく》を身にまとっている。

さらに、家康は鷹狩りの際に民情視察を兼ね、高僧などの地元の知識人と会談を重ねていた。このうち、最福寺《さいふくじ》の銅像は、家康が日善《にちぜん》（最福寺住職）と会談を重ねたという史実（『徳川実紀』『駿府記』）に基づいて建立されたものである。

【駅前の銅像・石像】松平竹千代、徳川家康＝ＪＲ東海道新幹線ほか静岡駅前（静岡市葵区）。松平元康＝ＪＲ東海道本線・愛知環状鉄道岡崎駅前（愛知県岡崎市）。

【関連した銅像・石像】松平竹千代、松平元康、徳川家康（二体）、本多忠勝（家康の重臣）＝岡崎公園（岡崎市）。徳川家康＝道の駅「藤川宿」（岡崎市）、浜松城公園（浜松市中区）、駿府城公園（静岡市葵区）、江戸東京博物館（東京都墨田区）。徳川家康・日善＝最福寺（千葉県東金《とうがね》市）。

藩政確立に功績を残した阿波藩の藩祖

蜂須賀家政

【はちすかいえまさ】生没年＝一五五八？〜一六三八

　織豊（安土桃山）時代の武将。地元では阿波《あわ》藩（徳島市）の藩祖とみなされている。幼名は小《こ》六《ろく》、通称は彦右衛門《ひこえもん》、受領《ずりょう》名《な》は阿波守《あわのかみ》、号は蓬庵《ほうあん》。永禄《えいろく》元年（一五五八）に蜂須賀正勝《まさかつ》の嫡子として生まれる。成人後、豊臣秀吉に属して父と共に各地を転戦し、天正十三年（一五八五）には四国征伐に出陣した。戦勝後、秀吉は外交などで功績のあった正勝に阿波（徳島県）を与えようとしたが、正勝が固辞したため、秀吉は諸城の攻略に戦功があった家政に阿波を与える。入封後、徳島城（徳島市）を居城とした家政は文禄《ぶんろく》元年（一五九二）からの朝鮮出兵などにも参加し、蔚《ウル》山《サン》城攻防戦で浅野幸長《よしなが》らを救援して名声を得た。

　次いで、慶長五年（一六〇〇）の関ケ原の戦いでは去就に悩んだ挙げ句、家政は豊臣方へ属し

蜂須賀家政（ＪＲ高徳線ほか徳島駅前・徳島中央公園）

て摂津《せっつ》大坂城（大阪市中央区）下を警備し、蜂須賀至鎮《よししげ》（家政の嫡子）は手勢を伴って徳川方へ身を投じた。美《み》濃《の》関ケ原（岐阜県関ケ原町）の決戦で徳川方が大勝利を収めた後、家政は隠居、剃髪《ていはつ》して徳川家康の追及を躱《か》わし、蜂須賀家存続を実現させている。

なお、家政は隠居後も一定の発言権を有し、藩政確立に多大な功績を残したため、地元では正勝が家祖、家政が藩祖、至鎮が初代藩主と呼ばれている。そんな家政は寛永《かんえい》十五年（一六三八）に病没。八十一歳（異説あり）であった。現在、徳島城跡の主要部に当たる徳島中央公園に家政の銅像（立像）が建立されている。なお、同公園がＪＲ徳島駅の真裏《まうら》に当たることから、銅像付近でも気動車の発する音などを耳にすることが出来る。

【駅前の銅像・石像】蜂須賀家政＝ＪＲ高徳《こうとく》線ほか徳島駅前（徳島市）・徳島中央公園。

伊予に足跡を残した「賤ケ嶽七本槍」の一将

加藤嘉明

【かとうよしあき】生没年＝一五六三〜一六三一

織豊（安土桃山）時代の武将、江戸時代前期の大名。伊予《いよ》松山藩（松山市）主、のち陸奥会津《むつあいづ》藩（福島県会津若松《わかまつ》市）主。通称は孫六《まごろく》、官職は左馬助《さまのすけ》、侍従。永禄六年（一五六三）に岸教明《のりあき》の子として三河（愛知県東部）で生まれた。早くから豊臣秀吉に仕え、天正十一年（一五八三）の賤《しず》ケ嶽《たけ》の戦いで槍を手に奮戦し、加藤清正《きよまさ》（秀吉の従弟）らと共に「賤ケ嶽の七本槍」と称された。以後も秀吉の天下統一事業に参加し、同十三年の四国征伐、同十五年の九州征伐、同十八年の小田原征伐などにも従軍している。これらの功績により嘉明は、文禄三年（一五九四）には六万石（のち十万石）の伊予松前《まさき》城（愛媛県松前町）主に抜擢された。しかし、慶長三年（一五九八）の秀吉の病没後は徳川家康に接近し、同五年（一六〇〇）の関ケ原の戦いでも徳川方へ身

加藤嘉明（松山城山ロープウェイ・リフト東雲口駅前）

を投じている。そして、美濃関ケ原（岐阜県関ケ原町）での決戦では徳川方の中央付近に布陣し、豊臣方と激闘を演じた。戦勝後、加増を受けて二十万石となった嘉明は、同七年頃から新たな居城・松山城の築城を開始している。ところが、嘉明は寛永四年（一六二七）、転封《てんぽう》（国替え）により四十万石で会津藩主に栄進した。この間、松山藩時代は治水工事や新田《しんでん》開発、会津藩時代は道路整備や産業育成、鉱山開発などに腐心《ふしん》するなど、両地の発展に不朽の足跡を残している。そんな嘉明は同八年に病没した。六十九歳であった。現在、松山城山ロープウェイ・リフトの東雲口《しののめぐち》駅前にある嘉明の銅像は、甲冑《かっちゅう》を着込んだ姿の騎馬像である。

【駅前の銅像・石像】加藤嘉明＝松山城山ロープウェイ・リフト東雲口駅前（松山市）。

東京駅頭にその名が残る貿易家

ヤン＝ヨーステン

生没年＝？〜一六二三

織豊（安土桃山）時代、江戸時代前期のオランダ人貿易家。江戸幕府の初代将軍・徳川家康のブレーン。慶長五年（一六〇〇）、ウィリアム・アダムズらと航海士としてオランダ・東インド会社（特許的貿易会社）の「リーフデ号」に乗り組むが遭難し、幸いにも豊後《ぶんご》（大分県）へ漂着する。その後、アダムズと共に、家康の外交、貿易問題担当のブレーンに登用された。

さらに、江戸城大手門の近くへ屋敷を与えられ、江戸幕府の朱印状《しゅいんじょう》を得て朱印船貿易にも従事する。同十四年、肥前平戸《ひぜんひらど》（長崎県平戸市）へオランダ商館が開設されると、両国間の貿易振興に多大な功績を残す。この間、船で明国《みんこく》（中国）、東南アジアなどとの間を再三往復したというヤン＝ヨーステンだったが、元和九年（一六二三）にインドネシアのヴァタビアから日本へ向かう途中に乗船が難破し、惜しくも溺死《できし》した。なお、屋敷跡は絵図などには八代洲河岸《やよすがし》と表記されていたが、のちに表記が八重洲河岸に変わり、「やえす」と読まれるようになる。

ヤン＝ヨーステンの記念碑（上／ＪＲ東海道新幹線ほか東京駅前・日本橋三丁目交差点）

ヤン＝ヨーステン（右／ＪＲ東海道新幹線ほか東京駅地下・八重洲地下街）

現在、ＪＲ東京駅東側の地上には東京都中央区八重洲や八重洲通り、地下には八重洲地下街などといったヤン＝ヨーステンゆかりの地名が残っており、ＪＲ東京駅にも八重洲北口などの改札名、八重洲中央出入口などの駅舎の出入口名が残る。このうち、八重洲地下街にはヤン＝ヨーステンの銅像（頭像）があり、日本橋三丁目交差点にはレリーフ形式の銅製記念碑が建立されている。

【駅前の銅像・石像】ヤン＝ヨーステン＝ＪＲ東海道新幹線・東京メトロ丸ノ内線ほか東京駅地下（東京都千代田区）・八重洲地下街。記念碑（レリーフ形式）＝東京駅前・日本橋三丁目交差点（八重洲通り中央分離帯・東京都中央区）。

二刀流を得意とした不世出の剣豪

宮本武蔵

【みやもとむさし】　生没年＝一五八四～一六四五

織豊（安土桃山）時代、江戸時代前期の剣豪。剣術流派・二天一流《にてんいちりゅう》（二刀一流）の創始者。幼名は弁之助《べんのすけ》、諱《いみな》（実名）は玄信《はるのぶ》、号は二天道楽《どうらく》。一時期は新免《しんめん》姓を名乗り、武蔵守《むさしのかみ》という通称も用いている。天正十二年（一五八四）生まれだが、生誕地については美作《みまさか》宮本村（岡山県美作市）説、播磨米田《はりまよねだ》村（兵庫県高砂《たかさご》市）説などがあり判然としない。

父（もしくは養父）の平田武仁《たけひと》《むに》（新免無二斎《むにさい》）は当理流十手術《とうりりゅうじってじゅつ》の達人であったとされるが、武仁から剣術、十手術を伝授された可能性は低い。恐らく剣術を独習し、自ら創意工夫を重ねた武蔵は、慶長元年（一五九六）に播磨平福《ひらふく》村（兵庫県佐用《さよう》町）で新当流《しんとうりゅう》の剣客《けんかく》・有馬喜兵衛《ありまきへえ》に決闘を挑み勝利する。これ以後、同十七年に巌流島《がんりゅうじま》（山口県下関市）で佐々木小次郎《こじろう》と決闘するまで

左からお通、武蔵、又八（智頭急行智頭線宮本武蔵駅前）

諸国の剣客、剣豪と六十余度も対決したが、一度として後《おく》れをとることはなかったという。

しかし、二刀流である二天一流を創始し、連戦連勝を誇った武蔵だが、仕官《しかん》や立身出世には縁遠かったらしい。同五年の関ケ原の戦い、元和元年（一六一五）の大坂の陣、寛永十五年（一六三八）の島原の乱などに出陣したが活躍の機会に恵まれず、同十七年になってようやく、肥後《ひご》熊本藩（熊本市）の客分という待遇を得た。

熊本での武蔵は自らの兵法《ひょうほう》（剣術、軍学）を体系化するべく、正保《しょうほう》元年（一六四四）までに兵法書『五輪書《ごりんのしょ》』を書き上げている。この『五輪書』は言語を絶する厳しい修行、六十余度の試合、決闘を経験した自らの兵法の奥義《おうぎ》を纏《まと》めたもので、現在でも剣道家、ビジネスマンなど幅広い読者を

宮本伊織（左）と武蔵（右／兵庫県高砂市・西光寺）

宮本武蔵（岡山県美作市・リゾート武蔵の里五輪坊）

得ている。そして、武蔵は同二年五月十九日に熊本城外の千葉城跡（熊本市中央区）の庵《いおり》で病没した。六十二歳であった。遺骸は当初、現在の「東の武蔵塚」（同北区）へ埋葬されたが、のちに豊前《ぶぜん》小倉《こくら》藩（北九州市）の家老・宮本伊織《いおり》（武蔵の甥《おい》、養子）の手で巌流島に近い手向山《たむけやま》（同小倉北区）

へ改葬されている。

なお、先に触れた通り武蔵の生誕地には美作宮本村説、播磨米田村説などがあるが、智頭《ちず》急行は平成六年の開業に際し、旧宮本村の最寄駅の駅名を宮本武蔵駅とした。武蔵の名を冠した駅としては、それまで「東の武蔵塚」の最寄駅・JR豊肥《ほうひ》本線武蔵塚駅があったが、人名のフルネームがそのまま駅名になった例は全国初であった。開業後、宮本武蔵駅の前には少年時代の武蔵、本位田又八《ほんいでんまたはち》、お通《つう》の三人が遊ぶ場面をモチーフとした銅像が建立された。又八とお通は作家・吉川英治《えいじ》の小説『宮本武蔵』の登場人物で、又八は時として武蔵を利用する小心者《しょうしんもの》、お通は武蔵を慕《した》い続ける佳人《かじん》という設定になっている。

他に武蔵の銅像は京都市左京区の八大《はちだい》神社、「東の武蔵塚」のある武蔵塚公園など各地に建立されている。また、巌流島（船島）には武蔵と小次郎の銅像があり、ゆかりの地という一乗滝、小次郎公園、そして吉香《きっこう》公園には長刀《ながだち》を手にした小次郎の銅像が建立されている。

【駅前の銅像・石像】 武蔵・又八・お通＝智頭急行智頭線宮本武蔵駅前（美作市）。

【関連した銅像・石像】 宮本武蔵＝リゾート武蔵の里五輪坊、淀橋（以上、美作市）、八大神社（京都市左京区）、武蔵塚公園（熊本市北区）。宮本武蔵・同伊織＝西光寺《さいこうじ》（高砂市）。宮本武蔵・お通＝大聖寺《だいしょうじ》（美作市）。宮本武蔵・佐々木小次郎＝巌流島（下関市）。佐々木小次郎＝一乗滝（福井市）、小次郎公園（福井県越前市）、吉香公園（山口県岩国市）。お通＝お通公園（兵庫県姫路市）。

大坂の陣で大奮闘した信濃出身の智将

真田幸村（信繁）【さなだゆきむら（のぶしげ）】

生没年＝一五六七～一六一五

織豊（安土桃山）時代、江戸時代前期の武将。幼名は弁丸《べんまる》、通称は源次郎《げんじろう》、官職は左衛門佐《さえもんのすけ》で、諱（実名）は信繁が正しい。永禄十年（一五六七）に真田昌幸《まさゆき》の次男として生まれた。天正十三年（一五八五）に信濃《しなの》上田城（長野県上田市）主・昌幸が徳川家康と戦った第一次上田城攻防戦で、父と共に家康を翻弄《ほんろう》する。慶長五年（一六〇〇）の関ケ原の戦いでは小松姫《こまつひめ》（本多忠勝《ただかつ》の娘）を正室に迎えていた真田信之《のぶゆき》（昌幸の嫡子、幸村の兄）は徳川方に属したが、昌幸と、竹林院《ちくりんいん》（大谷吉継《よしつぐ》の娘）を正室に迎えていた幸村は豊臣方へ属し、第二次上田城攻防戦で徳川秀忠《ひでただ》（家康の三男）の足止めに成功した。けれども、関ケ原で豊臣方の本隊が敗北したため、紀伊九度山《きいくどやま》（和歌山県九度山町）へ配流《はいる》となる。

真田幸村（信繁／ＪＲ長野新幹線ほか上田駅前）

同十六年の昌幸の病没を経て、同十九年、元和元年（一六一五）の大坂の陣でも豊臣方へ身を投じ、出丸《でまる》「真田丸」を駆使して大奮戦した。しかし、一時は家康を討死に寸前に追い込んだ幸村も、元和元年五月、壮烈な討死にを遂げる。四十九歳であった。後年、『難波《なにわ》戦記』や『立川《たつかわ》文庫』が大ヒットした結果、幸村は国民的なヒーローの座を獲得するにいたった。

各地にある銅像のうち、上田市のJR上田駅前、上田観光会館、真田氏歴史館にあるものはいずれも甲冑《かっちゅう》を着込んだ騎馬像である。また、大阪市天王寺区の三《さん》光《こう》神社のものは采配《さいはい》を振る立像で、討死に場所である安居《やすい》神社のものは休息する姿を再現した坐像である。

【駅前の銅像・石像】真田幸村（信繁）＝ＪＲ長野新幹線・しなの鉄道・上田電鉄別所線上田駅前（上田市）。
【関連した銅像・石像】真田幸村（信繁）＝上田観光会館、真田氏歴史館（以上、上田市）、三光神社、安居神社（以上、大阪市天王寺区）。

生誕地に諸説がある将軍・家光の乳母

春日局（お福）

【かすがのつぼね（おふく）】生没年＝一五七九～一六四三

江戸時代前期の大奥の女中、第三代将軍・徳川家光《いえみつ》（秀忠の嫡子）の乳母《うば》。俗名はお福。天正七年（一五七九）に斎藤利三《としみつ》（明智光秀《あけちみつひで》の重臣）の娘として生まれた。生母は稲葉一鉄《いってつ》（良通《よしみち》）、もしくは同通明《みちあき》（一鉄の甥、もしくは伯父）の娘とされるが、生母の出自、春日局の生誕地には諸説がある。同十年の山崎の戦いの後、敗れた父が豊臣方に斬られたため、生母と共に各地を放浪したという。成人後、稲葉正成《まさなり》の継室《けいしつ》（後妻）となって正勝《まさかつ》（のち老中）らの男子を得たが、竹千代《たけちよ》こと家光の乳母に採用され、養育に功績を残す。ところで、当時のお江《ごう》（崇源院《すうげんいん》／浅井長《あざいなが》政《まさ》の三女、秀忠の正室）、第二代将軍・徳川秀忠は利発な忠長《ただなが》（秀忠の三男）に期待していたというが、春日局が駿府城（静岡市葵区）の大御所・徳川家康（秀忠の父）へ直訴した結果、家光の

春日局（上／東京メトロ丸ノ内線ほか後楽園駅前・礫川公園）
お福（春日局・右／JR福知山線黒井駅前）

世子《せいし》（次期将軍）としての地位が確定した。側室選定や、東福門院《とうふくもんいん》（和子《まさこ》／秀忠の五女、第百八代・後《ご》水《みずの》尾《お》天皇の中《ちゅう》宮《ぐう》）の入内《じゅだい》でも活躍し、朝廷から従二位の官位を与えられた春日局は、寛永二十年（一六四三）に病没した。六十五歳であった。

なお、現在の東京都文京区春日の地名は、この地に春日局の屋敷があったことに由来する。現在、東京メトロ後楽園駅、都営地下鉄春日駅の近くの礫川《れきせん》公園に、春日局の銅像が建立されている。また、春日局の生誕地を丹波《たんば》黒井城跡（兵庫県丹波市）とする説があり、最寄駅であるJR黒井駅前にもお福こと春日局の銅像が建立されている。

【駅前の銅像・石像】春日局＝東京メトロ丸ノ内線ほか後楽園駅前、都営地下鉄三田線ほか春日駅前礫川公園（東京都文京区）。お福（春日局）＝JR福知山線黒井駅前（丹波市）。

上皇や中宮の帰依を受けた真言宗の高僧

木食以空【もくじきいくう】

生没年＝一六三六〜一七一九

江戸時代前期〜中期の真言宗《しんごんしゅう》の僧侶。法諱《ほうい》（僧侶としての実名）は以空だが、獣肉や魚介はもちろん、五穀《ごこく》を断って草や木の実を食して木食上人《しょうにん》と呼ばれたことで名高い。

その以空は寛永十三年（一六三六）に出羽《でわ》上山《かみのやま》藩（山形県上山市）主・土岐頼行《ときよりゆき》の子として江戸で出生する。儒学の修学、霊場への参詣《さんけい》などを経て、万治《まんじ》二年（一六五九）に高野山《こうやさん》（和歌山県高野町）で出家し、のちに勝尾寺《かつおうじ》（大阪府箕面《みのお》市）で修行を続けた。

寛文《かんぶん》二年（一六六二）には宮中で真言密教《しんごんみっきょう》を講じているが、この頃から後水尾《ごみずのお》上皇（第百八代天皇）、中宮《ちゅうぐう》・東福門院《とうふくもんいん》（和子《まさこ》／徳川秀忠の娘）の帰依《きえ》を受ける。次いで、延宝《えんぽう》五年（一六七七）には空海《くうかい》（弘法大師《こうぼうだいし》）ゆかりの五剣山八栗寺《ごけんざんやくりじ》（高松市）に聖天堂《しょうてんどう》を建立し、天和《てんな》元年（一六八一）

木食以空（四国ケーブル八栗ケーブル線八栗山上駅前・五剣山八栗寺）

には観音寺（山崎聖天／京都府大山崎《おおやまざき》町）を創建するなどした。象頭《ぞうとう》人身の二体からなる聖天（歓喜天《かんぎてん》）は仏法の守護、除災《じょさい》、招福にご利益《りやく》があると信じられている天部《てんぶ》で、これを祀る寺院の多くで秘仏となっている。このうち、八栗寺の聖天堂は以空が東福門院から下賜《かし》された聖天（空海《くうかい》作）を安置して建立したものである。

梵語《ぼんご》に造詣《ぞうけい》が深く、仮名法語《かなほうご》『玉鏡《たまかがみ》』も執筆した以空は、享保《きょうほう》四年（一七一九）に遷化《せんげ》（病没）した。八十四歳であった。現在、四国ケーブル八栗ケーブル線八栗山上駅を降りるとすぐ八栗寺の境内だが、本堂へと続く道沿いに、生前の木食行《もくじきぎょう》や学識が偲ばれる、見事な以空の銅像（坐像）が建立されている。

【駅前の銅像・石像】木食以空＝四国ケーブル八栗ケーブル線八栗山上駅・五剣山八栗寺（高松市）。

天領を治めた江戸幕府の関東郡代

伊奈忠治

【いなただはる】 生没年＝一五九二〜一六五三

江戸時代前期の旗本、江戸幕府の関東郡代《ぐんだい》（上級の代官）。通称は半十郎《はんじゅうろう》。文禄元年（一五九二）に江戸幕府代官頭《だいかんがしら》・伊奈忠次《ただつぐ》（備前守《びぜんのかみ》）の次男として生まれた。元和四年（一六一八）の伊奈忠政《ただまさ》（忠次の嫡子、忠治の兄）の病没に伴い、家督を継ぎ関東郡代となった。なお、父の忠次は農政、土木工事にたけていたために地方巧者《じかたこうしゃ》と称えられているが、勘定頭《かんじょうがしら》（勘定奉行）同様の職務をこなして財政制度確立にも功績を残した人物である。

さて、関東郡代としての忠治の主な職務は関東や駿河、遠江《とおとうみ》（以上、静岡県）等に点在する天《てん》領《りょう》の年貢徴収であったが、元和七年以降に関東の利根《とね》川、荒川の改修や流路の変更、新川《しんかわ》、江戸川の開削《かいさく》、堰《せき》の構築などの治水・灌漑《かんがい》工事の面でも活躍した。さらに、武蔵（東京都、埼玉県）

伊奈忠治（JR京浜東北線川口駅前・「キュポ・ラ」）

などで池や沼の干拓を手がけ、数万石の新田をつくりあげている。
寛永八年（一六三一）頃からは関東の代官を指揮、監督する職務を受け持つようになったが、承応《じょうおう》二年（一六五三）に病没した。六十二歳であった。
各地の銅像のうち、JR川口駅前の「キュポ・ラ」内の銅像は、忠治ら伊奈家が陣屋《じんや》（領地経営用の拠点）を武蔵赤山《あかやま》（埼玉県川口市）に置いていたことにちなみ、建立されたものである。一方、備前堀《びぜんぼり》（茨城県水戸市）などは忠次が開削したもので、銅像は今もなお、人々を見守っているかのように思える。

【駅前の銅像・石像】伊奈忠治＝JR京浜東北線川口駅前・「キュポ・ラ」（川口市）。
【関連した銅像・石像】伊奈忠次＝備前堀・道明橋（水戸市）、羽生領島中領用《はにゅうりょうしまじゅうりょうよう》排水路土地改良区（埼玉県羽生市）。伊奈忠順《ただのぶ》（忠治の曾孫）＝須走《すばしり》伊奈神社（静岡県小山町）。

「近江聖人」と呼ばれたわが国陽明学の祖

中江藤樹

【なかえとうじゅ】生没年＝一六〇八～四八

江戸時代前期の儒者で、わが国における陽明学《ようめいがく》の祖。通称は与右衛門《よえもん》、字《あざな》は惟命《これなが》、号は嘿軒《もくけん》、諱（実名）は原《はじめ》で、のちに「近江《おうみ》聖人」の異名を得た。慶長十三年（一六〇八）に中江吉次《よしつぐ》（徳《とく》右衛門《えもん》）の子として近江小川村（滋賀県高島市）に生まれる。同吉長《よしなが》（徳左衛門／藤樹の祖父）が伊予大洲《いよおおず》藩（愛媛県大洲市）主・加藤家の藩士であったため、藤樹も十代半ばで同藩へ仕官したが、来訪した禅僧の『論語《ろんご》』の講義に衝撃を受ける。

やがて、向学の情を抑え切れず、脱藩して小川村へ帰り、当初は儒学のうちの朱子学《しゅしがく》、のちには陽明学の研究、執筆、講義に没頭するようになる。この陽明学は中国・南宋《なんそう》の陸象山《りくしょうざん》の心即理《しんそくり》説《せつ》などを意識しつつ、明国の王陽明《おうようめい》が展開したもので、主観的な哲学の色彩が濃いものであった。

中江藤樹（ＪＲ湖西線安曇川駅前）

藤樹は『翁《おきな》問答』や『大学考』などの著作を残すが、慶安《けいあん》元年（一六四八）に病没する。四十一歳であった。なお、藤樹の没後、高弟の熊沢蕃山《くまざわばんざん》、淵岡山《ふちこうざん》らの活躍もあり、陽明学は朱子学と並ぶ大潮流となるにいたる。各地の銅像のうち、高島市のＪＲ安曇《あど》川《がわ》駅前の銅像は、同駅が藤樹の生誕地の最寄駅であることにちなんで建立された坐像である。他に同市には少年時代の藤樹をモチーフとした立像が、大洲市の大洲小学校に、青年時代の藤樹をモチーフとした立像、大洲城跡に同じく坐像が建立されている。

【駅前の銅像・石像】中江藤樹＝ＪＲ湖西《こせい》線安曇川駅前（高島市）。
【関連した銅像・石像】中江藤樹・母＝道の駅「藤樹の里あどがわ」（高島市）。中江藤樹＝安曇小学校、青柳小学校（以上、高島市）、大洲城、大洲小学校（以上、大洲市）／ほか。

歴史学の発展に貢献した水戸の御老公

徳川光圀

【とくがわみつくに】 生没年＝一六二八～一七〇〇

江戸時代前期の大名、常陸《ひたち》水戸藩（水戸市）主。幼名は千代松《ちよまつ》、官職は権中納言で、号は西山《せいざん》、梅里《ばいり》。寛永五年（一六二八）に水戸藩主・徳川頼房《よりふさ》（家康の十一男）の三男として生まれ、父の命で松平頼重《よりしげ》（頼房の長男、光圀の長兄）を差し置いて第二代藩主に就任する。内政面では上水道の整備、産業の振興などに腐心し、文教面では彰考館《しょうこうかん》を創設して諸国の学者を招き、古典や歴史の研究、歴史書『大日本史』の編纂《へんさん》などに着手している。元禄《げんろく》三年（一六九〇）に徳川綱條《つなえだ》（頼重の次男、光圀の甥、養子）を第三代藩主に据えた上で、西山荘《せいざんそう》（茨城県常陸太田市）へ隠居し、同十三年に病没した。七十三歳であった。

各地の銅像のうち、神戸高速の高速神戸駅前（神戸市中央区）の湊川《みなとがわ》神社の銅像は光圀が佐々《さっさ》

徳川光圀（ＪＲ常磐線偕楽園駅前・千波公園）

左から助さん、水戸黄門（徳川光圀）、格さん（ＪＲ常磐線水戸駅前）

十竹《じっちく》らに命じ、楠木正成《くすのきまさしげ》の討死に地へ「嗚呼《ああ》忠臣楠《ちゅうしんなん》子之墓《しのはか》」を建立させた功績を称えて安置されたものである。なお、隠居後の光圀は大部分を西山荘で過ごしたが、創作された水戸黄門漫遊譚《こうもんまんゆうたん》がテレビドラマの長寿番組となるにいたる。この関係で、水戸市のＪＲ偕楽園《かいらくえん》駅（臨時駅）前の千波《せんば》公園などに旅姿をした黄門さまこと光圀の銅像が、水戸駅前にも黄門さま、助さん（十竹《じっちく》）、格さん（安積澹泊《あさかたんぱく》）の銅像が建立されている。

【駅前の銅像・石像】徳川光圀（水戸黄門）＝ＪＲ常磐線偕楽園駅（臨時駅）前・千波公園（水戸市）。徳川光圀＝神戸高速線高速神戸駅前・湊川神社（神戸市中央区）。徳川光圀（水戸黄門）・助さん・格さん＝ＪＲ常磐線ほか水戸駅前（水戸市）。

【関連した銅像・石像】徳川光圀（水戸黄門）＝水戸黄門神社（水戸市）／ほか。

旅を愛した不世出の俳諧師

松尾芭蕉【まつおばしょう】生没年＝一六四四〜九四

江戸時代前期の俳諧師《はいかいし》。諱（実名）は宗房《むねふさ》、通称は忠右衛門《ちゅうえもん》、別号は桃青《とうせい》など。正保元年（一六四四）に伊賀《いが》上野城（三重県伊賀市）下で武士の子として生まれ、伊勢《いせ》津藩（津市）重臣の藤堂良精《よしきよ》・良忠《よしただ》父子に仕えて将来を嘱望《しょくぼう》された。その一方で、良忠と共に京都で俳諧師・北村季吟《きぎん》（貞門《ていもん》風俳諧）に師事するなど、俳諧の分野でも活動をしている。

ところが、寛文六年（一六六六）に良忠が病死したのを機に出奔《しゅっぽん》を決意し、延宝三年（一六七五）に江戸へ出た。同年、俳諧師・西山宗因《そういん》らの談林《だんりん》風俳諧に接して衝撃を受け、作風も大きく転換する。ちなみに、芭蕉の先祖が伊賀柘植《つげ》（伊賀市）出身で忍者頭《がしら》・服部半蔵《はんぞう》に仕えていたとする説があることなどから、「芭蕉は本当は忍者で、創作旅行は大名の内情を探るための偽装だった」とする憶説《おくせつ》（芭蕉忍者・隠密説）も流布している。

江戸での芭蕉は同八年から深川の芭蕉庵（東京都江東区）を本拠とし、「蕉門十哲《しょうもんじってつ》」をはじめとする多くの優れた弟子を得て、生活もようやく安定する。貞享《じょうきょう》元年（一六八四）には『冬の日』をはじめとする俳諧七部集を世に問い、従来、諧謔《かいぎゃく》（おどけ、洒落《しゃれ》）を重要視していた俳諧に高い文学的な可能性を示した。

その頃から芭蕉は弟子を誘い、多くの時間を創作旅行に費やすようになる。それらは貞享元年の『野ざらし紀行』、同四年の『鹿島紀行』、元禄元年（一六八八）の『笈《おい》の小文《こぶみ》』と『更科紀行《さらしなきこう》』に結実している。そして、元禄二年三月二十七日から八月二十一日頃にかけて、弟子・河合曾良《かわいそら》と共に江戸から奥羽《おうう》（東北地方）、北陸を経て美濃大垣城（岐阜県大垣市）下へいたる「奥の細道」の旅を行なったが、この創作旅行の様子は芭蕉の『奥の細道』、曾良の『奥の細道（曾良）随行日記』によって窺《うかが》い知ることが出来る。

松尾芭蕉（伊賀鉄道伊賀線上野市駅前）

ところで、「奥の細道」の創作旅行に先立って芭蕉庵を引き払った芭蕉は、以後は元禄三年には近江石山（大津市）の幻住庵《げんじゅうあん》、同四年には京都・嵯峨野《さがの》（京都市右京区）の落柿舎《らくししゃ》に起居した。さらに、一度江戸へ戻った後、上方の二人の弟子（之道《しどう》、珍碩《ちんせき》）の争いを仲裁するべく、同七年五月に摂津大坂（大阪市）へ旅立つが、珍碩は師の言に耳を傾けずに姿をくらましてしまう……。

松尾芭蕉（ＪＲ東海道本線ほか石山駅前）

この結果、当時、高齢の上に病を得ていた芭蕉は肉体的、精神的に大きなダメージを受け、滞在先の旅籠《はたご》・花屋（大阪市中央区）の貸座敷で同年十月十二日に五十一歳で病没した。遺骨は生前の芭蕉の希望に従い、義仲寺《ぎちゅうじ》（大津市）の木曾義仲《きそよしなか》の墓碑の傍らに埋葬された。病没する前の八日に「病中吟《びょうちゅうぎん》」と題して、

「旅に病んで夢は枯野《かれの》をかけ廻《めぐ》る」

の句を詠んでいたが、はからずもこれが辞世の句となってしまう。

芭蕉の作風はさび、しおり、細み、かるみなどを特徴としており、代表的な句のうち『奥の細道』に収録された「草の戸も住替《かは》る代ぞ雛《ひな》の家」「行《ゆく》春や鳥啼《なき》魚の目は泪《なみだ》」「夏草や兵《つわもの》どもが夢の跡」「閑《しずか》さや岩にしみ入蝉《いるせみ》の声」などは特に名高い。

なお、芭蕉の銅像は野外に建立されているものだけでも三十体以上あるが、博物館や資料館など屋内に建立、展示されている銅像、陶像《とうぞう》（陶器の像）も少なくない。

このうち、伊賀鉄道上野市駅前（伊賀市）の銅像は芭蕉の生誕地、JR石山駅前（大津市）の銅像は幻住庵跡の最寄駅であることにちなみ、建立されたものである。他にも、JR新白河駅、JR福島駅、福島交通飯坂温泉駅の駅前など、「奥の細道」で訪れた地を中心に芭蕉の銅像（福島駅前は芭蕉と曾良）が建立されており、句碑は全国各地に建立されている。

【駅前の銅像・石像】松尾芭蕉＝伊賀鉄道伊賀線上野市駅前（伊賀市）、ＪＲ東海道本線石山駅、京阪石山坂本線京阪石山駅前（大津市）、ＪＲ東北新幹線ほか新白河駅（福島県西郷村）、福島交通飯坂線飯坂温泉駅前（福島市）。松尾芭蕉・河合曾良＝ＪＲ東北新幹線・阿武隈急行・福島交通飯坂線ほか福島駅前（福島市）。

【関連した銅像・石像】松尾芭蕉＝伊賀市役所伊賀支所（伊賀市）、芭蕉記念館、芭蕉記念館分館史跡展望庭園（以上、東京都江東区）、中尊寺《ちゅうそんじ》（岩手県平泉町）／ほか。

赤穂四十七士を率いた元筆頭家老

大石内蔵助

【おおいしくらのすけ】 生没年＝一六五九～一七〇三

江戸時代前期～中期の武士、播磨《はりま》赤穂《あこう》藩（兵庫県赤穂市）主・浅野家の筆頭家老、赤穂四十七士の棟梁《とうりょう》。幼名は喜内《きない》、号は可笑《かしょう》で、諱（実名）は良雄《よしたか》。なお、元禄十四年（一七〇一）六月に山科《やましな》（京都市山科区）へ閑居してからは池田久右衛門《きゅうえもん》、同十五年十一月に江戸へ入ってからは垣《かき》見五郎兵衛《みごろべえ》という変名を用いた。万治二年（一六五九）に大石良昭《よしあき》の嫡子として生まれるが、父が病没したため、筆頭家老である祖父・大石良欽《よしたか》の養子となった。少年時代、青年時代に山鹿素《やまがそ》行《こう》に軍学を、伊藤仁斎《じんさい》に儒学を、奥村無我《むが》に東軍流剣術を学んだとされ、延宝五年（一六七七）以降に見習家老を経て筆頭家老へと進む。

元禄十四年年初、主君である赤穂藩主・浅野長矩《ながのり》（内匠頭《たくみのかみ》）は勅使饗応役《ちょくしきょうおうやく》（天皇の使者の接待係）を拝命した。ところが、三月十四日に江戸城中（殿中《でんちゅう》）で高家《こうけ》・吉良義央《きらよしひさ》（上野介《こうずけのすけ》）に刃傷《にんじょう》に及び、江戸幕府の命で切腹となった。同時に、浅野家はおとり潰し、その城地は江戸幕府へ収公《しゅうこう》（没収）の方針も決定する（義央はお咎《とが》めなし）。

同月十九日、主君の殿中刃傷、切腹を知った内蔵助は城を江戸幕府へ引き渡した上で、同志と義央の処罰、浅野長広《ながひろ》（長矩の弟、仮養子）による浅野家再興運動を開始した。

大石内蔵助（京急本線ほか泉岳寺駅前・泉岳寺）

同年十月から十一月には江戸へ赴いて各方面へ義央の処罰、浅野家再興を嘆願したが、これより先に義央の隠居、同十五年七月には長広の安芸《あき》広島藩（広島市）主・浅野家へのお預けなどの江戸幕府の方針を知る。

やがて、同志の中には盟約から脱する者も相次いだため、内蔵助は七月下旬に京都・円山《まるやま》

（京都市東山区）へ同志を集め、義央を討って主君の無念を晴らす方針を明言し、参加者の賛同を得た。以後、大石主税《ちから》（良金《よしかね》／内蔵助の嫡子）ら同志を分散して江戸へ向かわせた上で、自身も上方を発ち、十一月に江戸へ入る。そして、得られた情報を分析した上で、十二月十四日夜の義央の在宅を突き止め、同夜（正しくは十五日の未明）、総勢四十七士で吉良邸（東京都墨田区）へ討ち入った。

一刻《いっこく》（約二時間）にも及んだ討ち入りで四十七士は、義央を討ち取り、その首を泉岳寺《せんがくじ》（東京都港区）の長矩の墓前へ供えることに成功する。十五日夜、大名家四家にお預けとなった（寺坂吉右衛門《きちえもん》を除く）内蔵助ら四十六士は、同十六年二月四日に江戸幕府の命により切腹して果てた。四十六士のうち、内蔵助は四十五歳、主税は十六歳であった。

大石内蔵助（ＪＲ赤穂線播州赤穂駅前）

一大事に際して同志をよく統率し、艱難《かんなん》辛苦《しんく》の末に主君の仇敵《きゅうてき》を討った内蔵助の行動は、早くから称賛されており、泉岳寺の内蔵助らの墓所は今なお香華《こうげ》が絶えない。

ちなみに、泉岳寺と墓碑のことは『鉄道唱歌』〔東海道編〕の二番に、「〽右は高輪《たかなわ》泉岳寺　四十七士の墓どころ　雪は消えても消え残る　名は千載《せんざい》の後《のち》までも」とうたわれている。

なお、内蔵助の銅像は京急・都営地下鉄泉岳寺駅前の泉岳寺、JR播州《ばんしゅう》赤穂駅前の他に、赤穂市の赤穂大石神社、赤穂市役所、赤穂御崎《みさき》の東御崎展望台、茨城県笠間市の佐白《さしろ》山麓公園にある。

また、赤穂大石神社の義士木像奉安殿には平櫛田中《ひらぐしでんちゅう》、山崎朝雲《ちょううん》らわが国を代表する彫刻家の手になる長矩、及び内蔵助ら四十七士、萱野三平《かやのさんぺい》（中折《ちゅうせつ》の同志）の見事な木像が所蔵されている。

一方、演劇では悪役とされている義央だが、これまでに義央が礼儀作法の流派・吉良流の家元であったことが判明した。また、領地の三河吉良（愛知県西尾《にしお》市）では善政を敷いた名君とされており、黄金堤《こがねづつみ》、花岳寺《かがくじ》などに七体の銅像（騎馬像）が建立されている。

【駅前の銅像・石像】大石内蔵助＝京急本線・都営地下鉄浅草線泉岳寺駅前・泉岳寺（東京都港区）、JR赤穂線播州赤穂駅前（赤穂市）。

【関連した銅像・石像】大石内蔵助＝赤穂大石神社、赤穂市役所、赤穂御崎の東御崎展望台（以上、赤穂市）、佐白山麓公園（笠間市）。浅野長矩・四十七士・萱野三平（以上、木像）＝大石神社（義士木像奉安殿／赤穂市）。堀部安兵衛《ほりべやすべえ》（四十七士の一人）＝越後新発田《えちごしばた》城跡（新潟県新発田市）。吉良義央（七体）＝黄金堤、花岳寺など七カ所（以上、西尾市）、本所松坂町公園（吉良邸跡／東京都墨田区）。

庶民教学・心学を創始した丹波の碩学

石田梅岩【いしだばいがん】生没年＝一六八五〜一七四四

江戸時代中期の心学者《しんがくしゃ》。通称は勘平《かんぺい》、諱（実名）は興長《おきなが》。貞享二年（一六八五）に丹波東懸《とうげ》村（京都府亀岡市）の領民・権右衛門《ごんえもん》の次男として生まれた。少年時代に京の商家へ奉公《ほうこう》に出たが、やがて神道、儒学、仏教を学ぶようになり、遂には享保十四年（一七二九）、四十五歳の時に京・車屋町（京都市中京区）の自宅で講義をはじめた。梅岩が自宅での講義で説いた石門《せきもん》心学とは、神道、儒学、仏教の各種の宗教、学問の説をとり入れつつ、庶民に日常生活での実践的な道徳を説く庶民教学であったが、内容的に平易で、誰でも理解しやすいことから京の商人、上方各地の領民などに受け入れられる。また、梅岩は商人が商売（商行為）を行なうに際して、「売利《ばいり》ヲ得《う》ルハ商人ノ道ナリ」とした上で、「実《まこと》ノ商人ハ先《さき》（＝取引先、顧客）モ立《たち》、我モ立ツコトヲ思フナリ」

石田梅岩（ＪＲ山陰本線亀岡駅構内）

（『都鄙《とひ》問答』）などと、暴利を貪《むさぼ》ることを戒《いまし》めつつ倫理的規範を説いた。また、「商人ノ道ト言トモ何ゾ士農工《しのうこう》ノ道ニ替ルコト有ランヤ」

とも主張したことから、商人層に影響力を有するまでにいたる。他に『石田先生語録』などの著作を残した梅岩は延享《えんきょう》元年（一七四四）に病没した。六十歳であった。各地にある銅像のうち、JR亀岡駅構内の銅像は裃を着て正座した坐像である。一方、大阪府堺市の菅原神社の銅像も、後年建てられた心学講舎《こうしゃ》庸行舎《ようこうしゃ》にちなみ建立された坐像であるという。

【駅前の銅像・石像】石田梅岩＝ＪＲ山陰本線亀岡駅構内（亀岡市）。
【関連した銅像・石像】石田梅岩＝菅原神社（堺市堺区）。

地図へ緯度・経度を導入した地理学者

長久保赤水【ながくぼせきすい】生没年＝一七一七〜一八〇一

江戸時代中期の地理学者、常陸水戸藩（水戸市）の藩士。わが国の地図に緯度《いど》・経度《けいど》の概念を導入した最初の人物とみられている。享保二年（一七一七）に常陸赤浜村（茨城県高萩市《たかはぎ》）の領民・善次衛門《ぜんじえもん》の子として生まれる。成人後、農業の傍ら彰考館《しょうこうかん》（水戸藩の史局）総裁・名越南溪《なごえなんけい》、さらに立原蘭溪《たちはららんけい》らの門を叩き、儒学（朱子学）、漢文、天文学、地理学などを学んだ。安永《あんえい》六年（一七七七）には水戸藩士に登用されて藩主・徳川治保《はるもり》の侍講《じこう》（藩主に講義をする学者）の一員となり、天明《てんめい》七年（一七八六）からは『大日本史』地理志《ちりし》の編纂に参画する。地理学者としての業績、著作としては『改正日本輿地路程全図《よちろてい》』『大清広輿図《たいせいこうよず》』などがあるが、安永九年発行の『改正日本輿地路程全図』にはわが国の地図ではじめて緯度、経度、方位角が記入されていること、隠《お》

長久保赤水（ＪＲ常磐線高萩駅前）

岐《き》（島根県隠岐の島町、海士町《あま》ほか）の北西に竹島《たけしま》（隠岐の島町）が記入されていることから、現代の地理学者からも高い評価を受けている。のちに、文政《ぶんせい》四年（一八二一）には伊能忠敬《いのうただたか》の『大日本沿岸輿地全図（伊能図）』がつくられたが、赤水の『改正日本輿地路程全図』の方が忠敬のものよりも四十年ほど早い。ところで、赤水の生誕地は現在のＪＲ常磐線の南中郷《みなみなかごう》駅（茨城県北茨城市）と高萩駅（高萩市）とのほぼ中間に当たるが、ＪＲ高萩駅前には裃を着て正座する姿の赤水の銅像（坐像）が建立されている。なお、平成二十四年の銅像建立の際に披露《ひろう》された記念ソング『あしたの風とひとつになって』は、現在、高萩駅の発車メロディーに使用されている。

【駅前の銅像・石像】長久保赤水＝ＪＲ常磐線高萩駅前（高萩市）。

国土防衛の重要性を説いた海防論者

林子平

【はやししへい】生没年＝一七三八〜九三

江戸時代中期の経世家《けいせいか》、「寛政三奇人」の一人。号は六無斎《ろくむさい》、諱（実名）は友直《ともなお》、旧姓は岡村。元文《げんぶん》三年（一七三八）に幕臣・岡村良通《よしみち》の次男として江戸で生まれた。姉のきよが陸奥《むつ》仙台藩（仙台市）主・伊達宗村《むねむら》の側室、兄の嘉膳《たかよし》が藩士となった縁で仙台へ移る。

なお、経国《けいこく》（経世）済民《さいみん》の方策を説きつつ、江戸幕府や諸藩に勧告などを行なった在野の知識人のことを経世家という。経世家としての子平の学問的な系統は不明な点が多いが、江戸では『赤蝦夷風説考《あかえぞふうせつこう》』の著者・工藤平助《へいすけ》に兄事《けいじ》し、蘭学者の大槻玄沢《げんたく》らと交遊するなどした。さらに、肥前長崎（長崎市）へも赴き、長崎奉行所の通詞《つうじ》（通訳官）が所蔵していた世界地図、地理書などを筆写している。のちに、ロシアの東アジア進出の危険性を指摘するべく、天明五年（一七八

林子平（仙台市営地下鉄南北線勾当台公園駅前）

五）に『三国通覧図説』、同六年に『海国兵談《かいこくへいだん》』を執筆し、海防《かいぼう》（国土、海岸防衛）の強化を訴えた。以上の二つの著作の中には見るべき記述もあり、一部の学者などから評価を受ける。

しかし、江戸幕府は世の中を惑《まど》わすものと決めつけ、子平を蟄居《ちっきょ》、『三国通覧図説』と『海国兵談』は発禁、版《はん》木《ぎ》も没収という処分を下している。寛《かん》政《せい》五年（一七九三）、子平は不遇のまま病没した。五十六歳であった。

現在、宮城県庁の庭先ともいうべき仙台市営地下鉄勾当台《こうとうだい》公園駅前に建立されている子平の銅像は、筆と紙を手に諸国を遊学していた当時をモチーフとした立像である。

【駅前の銅像・石像】林　子平＝仙台市営地下鉄南北線勾当台公園駅前（仙台市青葉区）。

三条大橋での「遥拝」で知られる勤王家

高山彦九郎

【たかやまひこくろう】生没年＝一七四七〜九三

江戸時代中期の勤王家《きんのう》、「寛政三奇人」の一人。諱（実名）は正之《まさゆき》、字は仲縄《ちゅうじょう》。延享四年（一七四七）に上野細谷村《こうずけほそや》（群馬県太田市）の郷士《ごうし》・高山正教《まさのり》の次男として生まれる。

少年時代に南北朝時代の興亡を記した『太平記《たいへいき》』を読んで衝撃を受け、十八歳の時に遺書を残して郷里を出奔《しゅっぽん》した。やがて、京へ赴いて三条大橋の橋上で御所（京都市上京区）へ向かって平伏《へいふく》、遥拝《ようはい》する、等持院《とうじいん》（同北区）の室町将軍家の墓石を鞭打《むちう》つ等の行動で京童《きょうわらべ》を驚かせた。また、儒者の藤田幽谷《ゆうこく》、立原翠軒《すいけん》、経世家・林子平らと交遊し、さらに京の公家や諸国の人々を訪問して勤王の必要性を説いてまわるなどしている。

ところが、江戸幕府は熱心な尊皇を危険な行動と決めつけ、九州で活動中であった彦九郎に圧

高山彦九郎（京阪本線ほか三条駅前）

迫を加えはじめた。このため、二年余の九州滞在ののち、彦九郎は寛政五年（一七九三）に筑《ちく》後久留米城《ごくるめ》（福岡県久留米市）下で自刃して果てた。四十七歳であった。

明治維新後、彦九郎は尊皇を貫き、自刃した人物として称賛されたが、残念ながら（和気清《わけのきよ》麻呂《まろ》や二宮尊徳《にのみやそんとく》のように）彦九郎の像は全国の小学校へ建立されてはいない。

現在、京阪三条駅、京都市営地下鉄三条京阪駅の駅前にある彦九郎の銅像は橋上での平伏、遙拝を再現した見事な像だが、精悍《せいかん》な顔つきで若い女性などに人気があるという。

【駅前の銅像・石像】 高山彦九郎＝京阪本線ほか三条駅前、京都市営地下鉄東西線三条京阪駅前（以上、京都市東山区）。
【関連した銅像・石像】 高山彦九郎＝高山彦九郎記念館（太田市）。

ロシアの女帝に拝謁した伊勢出身の漂流民

大黒屋光太夫

【だいこくやこうだゆう】生没年＝一七五一～一八二八

江戸時代中期の漂流民。宝暦《ほうれき》元年（一七五一）に伊勢《いせ》若松村（三重県鈴鹿《すずか》市）で生まれ、青年時代から船乗りとして活躍する。ところが、廻船《かいせん》「神昌丸《しんしょうまる》」（乗組員十七人）の船長として伊勢白子（同市）から江戸へ向かっていた天明二年（一七八二）十二月、遠州《えんしゅう》（遠江／静岡県西部）沖で大時化《おおしけ》に巻き込まれ、太平洋上を七カ月も漂流した。

その後、ようやく漂着したアラスカのアリューシャン列島で四年、ロシアのイルクーツクで二年を過ごす。そして、首都・サンクトペテルブルクで時の皇帝（女帝）・エカテリーナ二世に拝謁して、帰国を許可される。やがて、外交使節・ラクスマンの軍艦に便乗の上、寛政四年（一七九二）に仲間二人と共に蝦夷地根室《えぞちねむろ》（北海道根室市）へ帰着した。

大黒屋光太夫（近鉄名古屋線ほか伊勢若松駅前）

帰国後、光太夫は漂流以後の十年余の間の見聞を、『北《ほく》槎《さ》聞《ぶん》略《りゃく》』という著作に纏めている。以後、江戸・小石川（東京都文京区）に居住した光太夫は、文政十一年（一八二八）にこの地で没した。七十六歳であった。

ところで、現存する光太夫の画像（肖像画）からは、当時のロシアの風俗――洋服、靴に、束《たば》ねた髪、鍔《つば》の広い帽子、首に大きなペンダント、手にはステッキ――を窺い知ることが出来る。現在、光太夫の生誕地である鈴鹿市の大黒屋光太夫記念館や、最寄駅の近鉄伊勢若松駅前に建立されている銅像もこの画像をもとに制作されており、江戸時代の人物の銅像としては類稀《たぐいまれ》な服装となっている。

【駅前の銅像・石像】　大黒屋光太夫＝近鉄名古屋線ほか伊勢若松駅前（鈴鹿市）。
【関連した銅像・石像】　大黒屋光太夫＝大黒屋光太夫記念館（鈴鹿市）。

子孫もまた有名な一関出身の蘭学者

大槻玄沢

【おおつきげんたく】生没年＝一七五七〜一八二七

江戸時代中期の蘭学者、医師。字は子煥《しかん》、磐水《ばんすい》で、諱（実名）は茂質《しげかた》。陸奥《むつ》一関《いちのせき》藩（岩手県一関市）の藩医の子として生まれ、少年時代に医師・建部清庵《たけべせいあん》に師事する。安永七年（一七七八）以降、江戸へ出て蘭学者の杉田玄白《げんぱく》、前野良沢《りょうたく》に西洋医学や蘭語《らんご》（オランダ語）を学び、天明五年（一七八五）には肥前長崎（長崎市）へ遊学して学殖《がくしょく》を深めた。

同六年には陸奥仙台藩（仙台市）の藩医（江戸詰）に登用されたのを機に、江戸・京橋（東京都中央区）へ蘭学塾・芝蘭堂《しらんどう》を開く。芝蘭堂は蘭学塾としてはほぼ最初のもので、ここからは稲村三伯《さんぱく》、宇田川玄真《うだがわげんしん》らの優れた蘭学者が巣立っている。同八年には入門者のために『蘭学階梯《かいてい》』を執筆して名声を得る一方、師の事業を引き継いで多くの蘭学書を翻訳した。さらに、『解体新書』

左から大槻磐渓、玄沢、文彦（ＪＲ東北新幹線ほか一ノ関駅前）

を補訂して『重訂《じゅうてい》解体新書』を世に問い、蘭学の発展に多大な寄与をしたが、文政十年（一八二七）に江戸で病没する。七十一歳であった。

玄沢の郷里であるＪＲ一ノ関駅前には玄沢と儒者・大槻磐渓《ばんけい》（玄沢の子）、国語学者・同文彦《ふみひこ》（磐渓の子）の三代の銅像（胸像）が建立されている。

このうち、磐渓は幕末維新期に主戦論を主張したこと、文彦はわが国最初の国語辞書『言海《げんかい》』を編纂したことで名高い。地元では三人は「大槻三賢人《さんけんじん》」として尊敬されているが、ＪＲの駅前に三代（父、子、孫）の銅像が建立されている例は他にない。なお、一関市役所にも文彦の銅像がある。

【駅前の銅像・石像】 大槻玄沢・同磐渓・同文彦＝ＪＲ東北新幹線ほか一ノ関駅前（一関市）。
【関連した銅像・石像】 大槻文彦＝一関市役所（一関市）。

歌人としても活躍した心優しい僧侶

良寛【りょうかん】生没年＝一七五八？〜一八三一

江戸時代後期の禅僧、文人。幼名は栄蔵《えいぞう》、諱（実名）は文孝《ふみたか》、字は曲《まがり》、号は大愚《たいぐ》で、出家前は山本姓を名乗った。宝暦八年（一七五八）、もしくは同七年に越後出雲崎《いずもざき》（新潟県出雲崎町）の名主《なぬし》・山本新左衛門《しんざえもん》の長男として生まれた。少年時代は儒学の勉強に没頭し、二十二歳の時に円通寺《えんつうじ》（岡山県倉敷市）の禅僧・国仙《こくせん》とめぐり会い、出家する。

次いで、国仙に従って円通寺で修行するが、寛政三年（一七九一）に国仙が入寂《にゅうじゃく》（病没）すると同寺を去った。のちに、帰郷するが各地の寺や庵を転々とする中で、得意の和歌や書の創作にも励んでいる。なお、「子供の無垢《むく》な心こそ、仏の心に通じる」という考えを持っていた良寛が、（金持ちからの揮毫《きごう》依頼を断り）子供からの依頼を応諾《おうだく》して凧《たこ》に字を書いた、子供と遊ぶために常時

良寛（右／ＪＲ上越新幹線ほか燕三条駅前）

毬《まり》を懐《ふところ》にしていた、などの逸話が残る。
そんな良寛は天保《てんぽう》二年（一八三一）、越後島崎村（新潟県長岡市）の庵で入寂した。宝暦八年生まれ説に従えば、当時の良寛は七十四歳であったことになる。各地の銅像のうち、ＪＲ燕三《つばめさん》条《じょう》駅前（新潟県三条市）、長岡駅構内（長岡市）、新倉敷駅前（倉敷市）のものは立像で、燕三条駅前、新倉敷駅前のものは子供と戯《たわむ》れる良寛の姿を再現している。

【駅前の銅像・石像】良寛＝ＪＲ上越新幹線ほか燕三条駅前（三条市）、ＪＲ上越新幹線ほか長岡駅構内（長岡市）、ＪＲ山陽新幹線ほか新倉敷駅前（倉敷市）。
【関連した銅像・石像】良寛＝朝日山展望台（燕市）、良寛堂、良寛記念館（以上、出雲崎町）、良寛の里美術館（長岡市）、円通寺公園（倉敷市）／ほか。

外交交渉に活躍した淡路の廻船業者

高田屋嘉兵衛

【たかだやかへえ】生没年＝一七六九～一八二七

江戸時代後期の海運業者。幼名は菊弥《きくや》。明和《めいわ》六年（一七六九）に淡路都志本村《あわじつしほん》（兵庫県洲本市《すもと》）の領民・弥吉《やきち》の長男として生まれる。寛政四年（一七九二）に樽廻船《たるかいせん》の船頭《せんどう》に、同八年には「辰悦丸《しんえつまる》」を有する船持船頭《ふなもち》となり、翌九年から北前船《きたまえぶね》にも参入した。

さらに、同十一年に択捉《えとろふ》航路を開拓して漁場を設定し、享和《きょうわ》元年（一八〇一）には江戸幕府の蝦夷地御用定雇《じょうやとい》船頭に登用されるなど、各方面で先駆的な活躍を重ねた。

ところで、文化《ぶんか》八年（一八一一）、ロシアの軍人・ゴローニンが国後島《くなしりとう》で江戸幕府の役人に捕縛される。ロシア側はその報復として同九年、国後島沖で嘉兵衛を拉致《らち》してしまう。やがて、幽閉中にロシア語を習得した嘉兵衛は、話し合いでゴローニンの釈放を要求するようロシア側を説得

高田屋嘉兵衛（函館市交通部〔市電〕宝来・谷地頭線宝来町停留場前）。背後の山は函館山

した。同十年五月、ロシア側によって国後島へ送還された嘉兵衛は、各方面と交渉の末、ゴローニンの釈放を実現させている。なお、嘉兵衛を主人公とする小説『菜の花の沖』を執筆した司馬《しば》遼《りょう》太郎《たろう》は、洲本市での講演で嘉兵衛を激賞している。そんな嘉兵衛は文政十年（一八二七）に病没した。五十九歳であった。

現在、函館市交通部（市電）宝来町《ほうらいちょう》停留場前（北海道函館市）に嘉兵衛の銅像が建立されているが、箱館は嘉兵衛が支店を置いた場所であり、ゴローニンが釈放された場所でもある。

【駅前の銅像・石像】高田屋嘉兵衛＝函館市交通部（市電）宝来・谷地頭《やちがしら》線宝来町停留場前（函館市）。

【関連した銅像・石像】高田屋嘉兵衛・ゴローニン＝ウェルネスパーク五色・高田屋嘉兵衛公園（洲本市）。

槍ケ岳に初登頂した健脚の修行僧

播隆

【ばんりゅう】生没年＝一七八二〜一八四〇

江戸時代後期の浄土宗《じょうどしゅう》の修行僧。槍ケ岳《やりたけ》（標高三一八〇メートル／長野県松本市、大町市、岐阜県高山市）に初登頂し、霊場としての槍ケ岳を開山《かいざん》した人物として知られている。天明二年（一七八二）に越中河内村《えっちゅうかわち》（富山市）で生まれ、出家後に諸国で修行を積むが、文政六年（一八二三）に笠ケ岳《かさたけ》（標高二八九八メートル／高山市）に登頂する。

この時、笠ケ岳から見た槍ケ岳の見事な山容《さんよう》に感銘を受け、未踏峰《みとうほう》であった槍ケ岳の登頂を思い立つ。その後、播隆は信濃小倉村《しなのおぐら》（長野県安曇野市《あづみの》）の中田又重郎《またじゅうろう》の道案内を得て、同九年に坊主岩《ぼうずいわ》付近まで登り下山する。次いで、各地で浄財《じょうざい》を募《つの》り、同十一年に再び又重郎の道案内で初登頂に成功し、摂津大坂（大阪市）で鋳造《ちゅうぞう》した仏像を山頂へ安置した。さらに、天保四年（一八

播隆（ＪＲ篠ノ井線ほか松本駅前）

三三）以降は弟子らとたびたび槍ケ岳へ登山し、山頂を削平《さくへい》したり、浄財を募って岩壁へ鎖を取り付けるなどしている。

　このように日本登山史にその名を留めた播隆は、同十一年に美濃（岐阜県南部）で病没した。五十九歳であった。

　現在、JR、アルピコ交通の松本駅前に衣《ころも》、頭巾《ずきん》という服装の播隆が槍ケ岳を目指す姿を再現した、躍動感あふれる銅像が建立されている。なお、鉄道、バスで槍ケ岳を目指す場合はアルピコ交通松本駅から新島々《しんしましま》駅まで行って上高地までバスに乗るか、松本駅前から直通バスを利用するかだが、登山前、播隆の銅像に安全を祈願する登山客も多いという。

【駅前の銅像・石像】播隆＝ＪＲ篠ノ井《しののい》線・アルピコ交通（松本電鉄）上高地線ほか松本駅前（松本市）。

財政再建で実をあげた努力の人

二宮尊徳（金次郎）【にのみやそんとく（きんじろう）】

生没年＝一七八七～一八五六

江戸時代後期、幕末期の農村復興の指導者。通称は金次郎で、諱（実名）の尊徳は正しくは「たかのり」と読む。天明七年（一七八七）に相模栢山村《さがみかやま》（神奈川県小田原市）の領民・利右衛門《りえもん》の長男として生まれたが、十代半ばで相次いで父母を失い、田畑の多くを失う。自身も親類へ預けられるが、それでも早朝から農作業に精を出して夜なべで内職するなどしつつ、寸暇《すんか》を惜しんで書物を読み、算術の勉強をすることも怠《おこた》らなかった。

そのような苦労の末に、二十歳の時に生家をほぼ再興することに成功する。文化九年（一八一二）には相模小田原藩（小田原市）の家老・服部家の若党《わかとう》（下級の使用人）に登用され、さらに服部家の財政再建にも貢献した。次いで、旗本・宇津《うつ》家（小田原藩主の分家）の領地である下野《しもつけ》

二宮尊徳（金次郎／JR東海道新幹線ほか小田原駅構内）

桜町《さくらまち》（栃木県真岡《もおか》市）領の財政再建を依頼されるが、特に尊徳が宇津家の財政再建に際して用いた仕法《しほう》（方法、やり方）は各地の領主に衝撃を与える。以後、尊徳のもとへは各地の領主（大名、旗本）から財政再建、農村復興の依頼が舞い込むようになり、天保十三年（一八四二）には遂に江戸幕府に登用されて天領（江戸幕府直轄領）の財政再建にも取り組むこととなった。

やがて、尊徳は下野日光（栃木県日光市）領の財政再建に着手したが、安政《あんせい》三年（一八五六）同国今市《いまいち》（同市）の仕法役所で病没する。七十歳であった。

さて、尊徳が農村復興、領主の財政再建に用いた仕法は、報徳《ほうとく》仕法（尊徳仕法）と呼ばれている。その報徳仕法なるものは、早朝から深夜まで各村を何度も巡回する点などに特徴があるが、

二宮金次郎（尊徳／ＪＲ東海道新幹線ほか掛川駅前）

巡回を通じて尊徳は関係者に勤勉を促《うなが》すと同時に、生活態度を改めることも求めたという。

その一方で、財政再建の実施に際して一任をとりつけて領主の恣《し》意的《いてき》な徴税を阻止し、道路、用水、堤防などのインフラの整備に心を砕いている。

また、領民が種籾《たねもみ》、農耕具、肥料などを購入する資金を無利子、もしくは低利で貸し付けることも実現させた。さらに、尊徳自身は自然災害、財政破綻《はたん》で荒廃した田畑、未開発の原野などの復興、開発に積極的に乗り出し、相模箱根（神奈川県箱根町）の福住正兄《ふくずみまさえ》ら多くの弟子を受け入れて自らの仕法（＝報徳仕法）の浸透を目指している。事実、尊徳が財政再建に取り組む際には、複数の弟子が手足となって働くのが常であった。

二宮尊徳（真岡鐵道真岡線久下田駅前）

ちなみに、尊徳の没後、報徳仕法を実践するための結社・報徳社が各地に設立されたが、それらの結社は大合同の末、大正十三年（一九二四）に大日本報徳社（静岡県掛川市）へと発展する。

明治維新後、勉強熱心で勤勉な尊徳は小学生が目指すべき理想的な人物と考えられるようになり、全国の小学校へ尊徳の像が設置されるにいたった。それらの像や、各地の駅前に建立されている像などの多くは少年時代の尊徳が薪《たきぎ》を背負いつつ、書物を読む姿をモチーフとしている。例外的に成人後の尊徳が各村を巡回する様をモチーフとした銅像が大日本報徳社や真岡鐵道久下田《くげた》駅前（真岡市）、JR下野大沢駅前（日光市）にある。

なお、旧桜町領の最寄駅である真岡鐵道久下田駅付近は尊徳の業績にあやかるべく、昭和二十九年から平成二十一年三月末まで、自治体名を栃木県二宮町《にのみやまち》と称していた。

【駅前の銅像・石像】二宮尊徳＝真岡鐵道真岡線久下田駅前（真岡市）、ＪＲ日光線下野大沢駅前（日光市）、ＪＲ東海道新幹線・小田急電鉄小田原線・箱根登山鉄道・伊豆箱根鉄道大雄山線ほか小田原駅構内（小田原市）、ＪＲ東海道新幹線・東京メトロ丸ノ内線ほか東京駅前（東京都千代田区）・八重洲ブックセンター、ＪＲ東海道新幹線・天竜浜名湖鉄道ほか掛川駅前（掛川市）。

【関連した銅像・石像】二宮尊徳＝大日本報徳社（掛川市）／ほか。

第五章　幕末維新期の人物

学者の名門・箕作家を興した洋学者

箕作阮甫

【みつくりげんぽ】生没年＝一七九九～一八六三

江戸時代後期、幕末期の蘭学者。諱（実名）は、貞一虔儒《さだかずけんじゅ》、字は庠西《しょうさい》、号は紫川《しせん》、逢谷《ほうこく》など。寛政《かんせい》十一年（一七九九）に医師・箕作丈庵《じょうあん》の子として美作《みまさか》津山（岡山県津山市）で生まれた。京都で漢方を修行後、津山藩医（江戸詰）となる。江戸では蘭学者・宇田川玄真《うだがわげんしん》に師事し、天保《てんぽう》十年（一八三九）に江戸幕府の幕臣に登用され、安政《あんせい》二年（一八五五）に江戸幕府の洋学所、同三年に蕃書調所《ばんしょしらべしょ》（以上、東京大学の前身）勤務を命じられている。

この間、著作を多数執筆し、医学、兵学、歴史、地理、天文といった分野の発展に寄与した。また、阮甫はわが国最初の医学雑誌『泰西《たいせい》名医彙講《いこう》』も創刊したが、文久《ぶんきゅう》三年（一八六三）に病没する。六十五歳であった。現在、津山市には箕作家の旧宅（国史跡）や墓所が現存しており、

箕作阮甫（ＪＲ津山線ほか津山駅前）

近くの津山洋学資料館は阮甫ら箕作家の人々をはじめとする津山の蘭学者、洋学者に関する展示が充実している。同館には「津山洋学五峰《ごほう》（＝阮甫ら五人の洋学者）」のレリーフや阮甫ら六体の胸像があり、ＪＲ津山駅前にも阮甫の立像が建立されている。

なお、墓所の箕作義林《ぎりん》（阮甫の祖先）の墓碑には「配《つれあい》 神崎氏（＝赤穂四十七士の神崎与五郎《よごろう》の姉）」と刻まれているが、阮甫の孫の箕作麟祥《りんしょう》（法学者、男爵）、箕作佳吉《かきち》（動物学者）、菊池大麓《だいろく》（数学者、政治家、男爵）など、子孫には高名な学者が多い。

【駅前の銅像・石像】箕作阮甫＝ＪＲ津山線ほか津山駅前（津山市）。
【関連した銅像・石像】「津山洋学五峰」（レリーフ・箕作阮甫ほか／五体）、箕作阮甫ほか（六体）＝津山洋学資料館（以上、津山市）。

幕政に参画した第十五代将軍の父

徳川斉昭

【とくがわなりあき】生没年＝一八〇〇〜六〇

江戸時代後期、幕末期の大名、常陸《ひたち》水戸藩（水戸市）主。第十五代将軍・徳川慶喜《よしのぶ》の父。通称は敬三郎《けいざぶろう》、字は子信《ししん》、官職は権中納言、諡《おくりな》は烈公《れっこう》で、諱（実名）は紀教《のりたか》とも。先々代藩主・徳川治紀《はるとし》の三男として寛政十二年（一八〇〇）に生まれる。文政《ぶんせい》十二年（一八二九）の藩主就任後、儒者の藤田東湖《とうこ》、戸田蓬軒《ほうけん》らを登用し、藩領の検地、海防《かいぼう》（国土、海岸防衛）の強化、寺院、神社の整理、銃砲や火薬の製造などの藩政改革を断行する。

一方で、弘道館《こうどうかん》（藩校）の創設、偕楽園の造園にも心を砕く。ところが、江戸幕府は尊皇攘夷派としての言動などを危険視し、弘化《こうか》元年（一八四四）に斉昭に隠居、謹慎を命じる。

それでも、謹慎を解かれ、嘉永《かえい》六年（一八五三）に老中・阿部正弘《まさひろ》によって海防参与に抜擢さ

徳川斉昭（ＪＲ常磐線偕楽園駅前・千波公園）

れた。しかし、大老・井伊《いい》直弼《なおすけ》と日米通商修好条約の締結問題で対立した挙げ句、安政六年（一八五九）まで永蟄居《えいちっきょ》の処分を受けた斉昭は、失意のまま万《まん》延《えん》元年（一八六〇）に没した。六十一歳であった。現在、ＪＲ偕楽園駅（臨時駅）の駅前にある千波《せんば》公園には、斉昭が少年時代の七男七郎麿《しちろうまろ》（慶喜）を教育する姿を再現した銅像（共に坐像）が建立されている。また、水戸市の弘道館、南町にも斉昭の銅像（立像）が建立されている。

【駅前の銅像・石像】徳川斉昭・同七郎麿（慶喜）＝ＪＲ常磐線偕楽園駅（臨時駅）前・千波公園（水戸市）。

【関連した銅像・石像】徳川斉昭＝弘道館、南町。徳川慶喜＝南町。藤田東湖＝藤田東湖生誕の地（以上、水戸市）。

罪なくして斬られた江戸幕府の能吏

小栗忠順

【おぐりただまさ】　生没年＝一八二七～六八

幕末維新期の幕臣、江戸幕府の勘定奉行、軍艦奉行。通称は剛太郎、又一《またいち》、受領名は豊後守《ぶんごのかみ》、上野介《こうずけのすけ》。文政十年（一八二七）に幕臣・小栗忠高《ただたか》の嫡子として江戸で生まれた。安政二年（一八五五）に家督を継ぎ、万延元年（一八六〇）に遣米《けんべい》使節の目付《めつけ》（監察官）として渡米後、世界一周を果たした。外国奉行であった文久元年（一八六一）には、ロシア軍艦対馬《つしま》占拠事件で活躍する。以後、勘定奉行（四度）、江戸の町奉行、陸軍奉行並《なみ》、軍艦奉行など、主に江戸幕府の財政、軍事関係の要職を歴任した。この間、横須賀製鉄所（神奈川県横須賀市）の創設、外国との関税交渉、江戸幕府の軍制改革などの分野で幾多の業績を残している。

しかし、明治元年（慶応《けいおう》四年／一八六八）春に勘定奉行を解任されたため領地の上野権田村《こうずけごんだ》（群

小栗忠順（ＪＲ横須賀線横須賀駅前・ヴェルニー公園）

馬県高崎市）へ移住したが、新政府軍に捕縛され、閏《うるう》四月六日に小栗又《また》一《いち》（忠順の養子）と共に罪なくして斬られた。忠順は四十二歳で、遺骸は同地の東善寺《とうぜんじ》へ埋葬されている。

現在、東善寺に忠順（彫刻家・朝倉文夫制作）、幕臣・栗本鋤雲《くりもとじょうん》の胸像が、JR横須賀駅前のヴェルニー公園に忠順、横須賀製鉄所技師長・ヴェルニーの胸像が、横須賀市自然・人文博物館に忠順、鋤雲の胸像が建立されており、ヴェルニー記念館（ヴェルニー公園内）には横須賀製鉄所のスチームハンマーが展示されている。

【駅前の銅像・石像】小栗忠順・ヴェルニー＝ＪＲ横須賀線横須賀駅前・ヴェルニー公園（横須賀市）。

【関連した銅像・石像】小栗忠順・栗本鋤雲＝東善寺（高崎市）、横須賀市自然・人文博物館（横須賀市）。

慶應義塾を創設した稀代の啓蒙思想家

福澤諭吉【ふくざわゆきち】

生没年＝一八三四〜一九〇一

明治時代の啓蒙《けいもう》思想家。一万円の日本銀行券（お札）の図柄となっていることで名高い。天保五年（一八三四）に豊前《ぶぜん》中津藩（大分県中津市）の藩士・福澤百助の第五子（末子）として同藩の大坂蔵屋敷（大阪市福島区）で生まれる。父の没後、諭吉は中津で漢学を、肥前《ひぜん》長崎（長崎市）で蘭学を学んだ後、適塾《てきじゅく》（大阪市中央区）の緒方洪庵《おがたこうあん》のもとで蘭学修行に励み、遂には適塾の塾長に抜擢された。安政五年（一八五八）には中津藩江戸藩邸（東京都中央区）で私塾を開くが、蘭学が時代遅れなのを悟って英語の独習に没頭する。

万延元年（一八六〇）以降、江戸幕府の遣米《けんべい》使節、遣欧《けんおう》使節に従って欧米へ赴き、次いで幕臣に登用されて翻訳業務に従事した。慶応三年（一八六七）の大政奉還《たいせいほうかん》の後、新政府に再三招かれ

福澤諭吉（ＪＲ日豊本線中津駅前・ロータリー）

たが応じず、明治元年（慶応四年／一八六八）に私塾を慶應義塾と命名して人材養成に本腰を入れた。著作には広く読まれた『学問のすすめ』の他に、『西洋事情』や『文明論之概略』などがあるが、諭吉は封建《ほうけん》社会を否定しつつ、国家や国民の独立自尊、社会の実利実益を強調したことから、新生日本に多大な影響を与えることとなる。そんな諭吉は明治三十四年に病没した。六十八歳であった。現在、ＪＲ中津駅前の北口ロータリーと、南口から至近の「ビジネスホテルナカツ」とに和服を着て腕を組む姿の銅像（立像）が建立されており、福澤諭吉記念館や慶應義塾大学（東京都港区）にも銅像（胸像）がある。

【駅前の銅像・石像】福澤諭吉＝ＪＲ日豊本線中津駅前・ロータリー、同駅前・ビジネスホテルナカツ（以上、中津市）。

【関連した銅像・石像】福澤諭吉＝福澤諭吉記念館（中津市）、慶應義塾大学（東京都港区）。

「船中八策」を提言した志士とその妻

坂本龍馬・お龍【さかもとりょうま・おりょう】

生没年＝（坂本龍馬）一八三五～六七／（お龍）一八四一～一九〇六

坂本龍馬は幕末期の志士、土佐藩《とさ》（高知市）の藩士、海援隊《かいえんたい》の隊長。号は自然堂《じねんどう》、諱（実名）は直陰《なおかげ》（直蔭）、直柔《なおなり》、変名は才谷梅太郎《さいだにうめたろう》など。お龍は龍馬の妻で、旧姓は楢崎《ならざき》。

龍馬は天保六年（一八三五）に郷士《ごうし》（下級の藩士）・坂本八平《はちへい》の次男（末子）として土佐高知城下で生まれた。北辰一刀流《ほくしんいっとうりゅう》剣術の千葉定吉《さだきち》らへの師事を経て、尊皇攘夷運動にも関心を持つようになった。文久元年（一八六一）、遠縁の武市半平太《たけちはんぺいた》（瑞山《ずいざん》）が結成した土佐勤王党に参加し、同二年には脱藩して長州《ちょうしゅう》藩（山口県萩《はぎ》市）の志士・久坂玄瑞《くさかげんずい》（吉田松陰《しょういん》の義弟）と交遊する。さらに、江戸へ出て幕臣・勝海舟《かつかいしゅう》らに師事した。同三年からは海舟による神戸海軍操練所（神戸市中央区）の創設に協力したが、元治《げんじ》元年（一八六四）に海舟が失脚、操練所も閉鎖となったた

坂本龍馬（ＪＲ土讃線高知駅前）

め、同志と薩摩藩《さつま》（鹿児島市）へと赴く。

次いで、活動の拠点を肥前長崎（長崎市）へ移した龍馬と同志二十数人は、岩崎弥太郎《やたろう》や薩摩藩の協力により亀山社中《しゃちゅう》（のちの海援隊）を結成する。海援隊は海軍と商社という二つの事業を柱とする結社で、主に諸藩のために軍艦を含む船舶、銃砲を含む物産の輸入、輸送などを手がけた。さらに、慶応元年（一八六五）初夏から同じく郷士の中岡慎太郎《しんたろう》（のち陸援隊《りくえんたい》の隊長）と共に、長州藩の桂小五郎《かつらこごろう》（木戸孝允《たかよし》）、薩摩藩の西郷隆盛《たかもり》らと折衝を重ねている。同二年一月二十一日（一説に翌日）には龍馬と慎太郎とが斡旋するかたちで、隆盛、小五郎らによる討幕を強く意識した軍事同盟「薩長《さっちょう》同盟」の締結に尽力した。

同三年六月に土佐藩の重臣・後藤象二郎《しょうじろう》と共に上方へ向かった際には、新しい時代のための国家構想「船中八策《せんちゅうはっさく》」を示す。やがて、「船中八策」は象二郎から土佐藩の前藩主・山内容堂《ようどう》（豊《とよ》信《しげ》）へ伝えられ、このことが同年十月十五日の大政奉還へとつながる。

慶応三年（一八六七）十一月十五日、近江《おうみ》屋（京都市中京区）に滞在していた龍馬と慎太郎は大政奉還後の対応などを協議していたが、同夜の四ツ刻（午後十時頃）に京都見廻組《みまわりぐみ》の佐々木只《ただ》三郎《さぶろう》らと思われる一団の襲撃を受けた。龍馬はピストル、慎太郎は短刀での応戦を試みるものの深手を負い、龍馬（三十三歳）は即死、慎太郎（三十歳）は同十七日息を引き取った。遺骸は霊山《りょうぜん》（京都市東山区）へ埋葬されたが、二人の突然の死は各方面に衝撃を与えている。

なお、お龍は慶応二年、伏見奉行所の寺田屋（京都市伏見区）急襲時に龍馬の

坂本龍馬（京急本線立会川駅前・北浜川児童遊園）

坂本龍馬・お龍（鹿児島市交通局〔市電〕1系統・2系統いづろ通停留場前）

危機を救ったことで名高い。そのお龍は商人・西村松兵衛《まつべえ》と再婚するが、明治三十九年（一九〇六）に現在の「おりょう会館」（神奈川県横須賀市）付近で病没した。六十六歳であった。

各地の像のうち、ＪＲ高知駅前の龍馬、半平太、慎太郎の立像（発泡スチロール製）は軽量で、取り外し、移動が可能である。また、京急立会川《たちあいがわ》駅前の北浜川児童遊園の立像は龍馬がこの地にあった土佐藩邸で起居したこと、鹿児島市交通局（市電）いづろ通停留場前の立像は龍馬とお龍が新婚旅行でこの地を訪れたことにちなんで建立された。

以上の他にも、各地に龍馬の銅像が建立されているが、それらの中では桂浜《かつらはま》公園の龍馬の銅像と、円山公園の龍馬と慎太郎の銅像とが、特に龍馬ファンに人気がある。

【駅前の銅像・石像】坂本龍馬・武市半平太・中岡慎太郎＝ＪＲ土讃線高知駅前、とさでん交通桟橋線高知駅前停留場前（高知市）。坂本龍馬＝京急本線立会川駅前・北浜川児童遊園（東京都品川区）。坂本龍馬・お龍＝鹿児島市交通局（市電）1系統・2系統いづろ通停留場前（鹿児島市）。

【関連した銅像・石像】坂本龍馬＝桂浜公園、坂本龍馬記念館（以上、高知市）、寺田屋（京都市伏見区）、風《かざ》頭《がしら》公園（長崎市）／ほか。坂本龍馬・中岡慎太郎＝円山公園、京都霊山・護國神社（以上、京都市東山区）。坂本龍馬・吉村虎太郎・沢村惣之丞《そうのじょう》ら八体＝維新の門（高知県檮原《ゆすはら》町）。横井小楠《しょうなん》と維新群像（細川護久《もりひさ》・坂本龍馬ら五体とレリーフ）＝高橋公園（熊本市中央区）。坂本龍馬・お龍＝三十石船乗場付近（京都市伏見区）、塩浸《しおひたし》温泉龍馬公園（鹿児島県霧島市）、天保山町（鹿児島市）。お龍＝おりょう会館（横須賀市）。

討幕運動に功績を残した「維新三傑」の一人

木戸孝允（桂小五郎）【きどたかよし（かつらこごろう）】

生没年＝一八三三～七七

幕末期の長州藩（山口県萩《はぎ》市）の藩士、明治時代の政治家。通称は小五郎、準一郎《じゅんいちろう》、変名は新《しん》堀松輔《ほりしょうすけ》、号は松菊《しょうぎく》などで、旧姓は和田、桂。天保四年（一八三三）に藩医・和田昌景《まさかげ》の次男として萩城下で生まれた。幼少時代に桂家を継いだ関係で、幕末期には桂小五郎と名乗っている。思想家の吉田松陰に師事し、剣豪の斎藤弥九郎《やくろう》、砲術家の江川英龍《ひでたつ》らに師事した。慶応二年（一八六六）には坂本龍馬らの尽力で薩摩藩（鹿児島市）の西郷隆盛らと「薩長同盟」を結び、尊皇攘《そんのうじょう》夷《い》、討幕運動で指導的役割を果たす。

維新後に下野《げや》の後、明治八年（一八七五）に料亭・花外楼《かがいろう》（大阪市中央区）での「大阪会議」で新政府に復帰したが、同十年の西南戦争の最中に病没した。四十五歳であった。

桂小五郎（木戸孝允／京都市営地下鉄東西線京都市役所前駅前・京都ホテルオークラ）

「大阪会議」参加者のレリーフ（京阪本線ほか北浜駅前・ワイズピア北浜）。上段左から大久保利通、木戸孝允、板垣退助、下段左から伊藤博文、井上馨

現在、京都市営地下鉄京都市役所前駅（京都市中京区）の駅前に当たる京都ホテルオークラに、藩士時代の孝允が右手に刀を持つ姿の坐像が建立されている。同地には幕末期に長州藩邸があったが、この銅像は大変ハンサムで人気があるという。さらには、道の駅「萩往還《おうかん》」に孝允と伊藤博文《ひろぶみ》、山縣有朋《やまがたありとも》の銅像があり、京阪北浜駅（大阪市中央区）などの駅前ビル、ワイズピア北浜の壁面には「大阪会議」参加者である孝允、大久保利通、板垣退助、博文、井上馨《かおる》のレリーフが嵌め込まれている。

【駅前の銅像・石像】桂小五郎（木戸孝允）＝京都市営地下鉄東西線京都市役所前駅前・京都ホテルオークラ（京都市中京区）。「大阪会議」の記念碑（レリーフ／木戸孝允ら五人）＝京阪本線・大阪市営地下鉄堺筋線北浜駅前・ワイズピア北浜（大阪市中央区）。

【関連した銅像・石像】木戸孝允・伊藤博文・山縣有朋＝道の駅「萩往還」（萩市）。

近代日本の発展に貢献した若者たち

薩摩藩幕末留学生

薩摩藩幕末留学生は別名を薩摩藩英国留学生ともいい、慶応元年（一八六五）にイギリスへ留学した薩摩藩（鹿児島市）の留学生十七人を指す。これより先、文久三年（一八六三）の薩英戦争に衝撃を受けた薩摩藩は若い藩士を西洋へ留学させて最新の学問、技術などを習得させることの必要性を痛感し、次に挙げる薩摩藩出身者十七名を含む十九人をイギリスへ派遣した。

五代友厚、松木弘安《こうあん》（寺島宗則《てらじまむねのり》）、新納久脩《にいろひさのぶ》、町田久成《ひさなり》、名越時成《なごやときなり》、吉田清成《きよなり》、中村博愛《はくあい》、市来和彦《いちきかずひこ》（松村淳蔵《まつむらじゅんぞう》）、森 有礼《ありのり》、村橋久成、畠山義成《はたけやまよしなり》、鮫島尚信《さめじまなおのぶ》、田中盛明《もりあき》、東郷愛之進《あいのしん》、町田実績《さねつみ》、町田清次郎《せいじろう》、長沢 鼎《かなえ》

当時、江戸幕府は藩士の留学を認めていなかったから、留学生たちは秘かにグラバー商会の汽

若き薩摩の群像（ＪＲ九州新幹線ほか鹿児島中央駅前）

船に乗り組むことを強いられるが、同藩がこのように纏まった数の留学生を送り出したことは注目に値する。やがて、維新期の混乱で支援が途絶える中でも苦学を続けた十八人（一人は海外へ永住）は、帰国後に各方面で大活躍する。このうち、町田久成（文部官僚）と森有礼（政治家）は文部行政、五代友厚（「五代友厚」の項参照）は大阪の実業界、村橋直衛は北海道開拓、ビール醸造などの分野で多大な功績を残した。

そんな薩摩藩幕末留学生をテーマとした銅像群が、「若き薩摩の群像」としてＪＲ九州新幹線鹿児島中央駅前（鹿児島市）に建立されている。この銅像群は全国の駅前にある群像、集団像の中でももっとも大がかりなもので、彫刻家・中村晋也制作の十七体の坐像、立像と複数の台座を組み合わせ、効果的に配置するという躍動感溢れる銅像群である。

【駅前の銅像・石像】「若き薩摩の群像（十七体）」＝ＪＲ九州新幹線ほか鹿児島中央駅前（鹿児島市）。

大政奉還に打って出た「最後の将軍」

徳川慶喜

【とくがわよしのぶ】生没年＝一八三七〜一九一三

江戸幕府の第十五代将軍。幼名は七郎麿《しちろうまろ》、官位は従一位、官職は権大納言など。天保八年（一八三七）に常陸水戸藩（水戸市）主・徳川斉昭の七男として江戸で生まれ、水戸の父の膝下《しっか》で育つ。少年時代から利発で、弘化四年（一八四七）に一橋徳川家を相続して以降、次期将軍に擬せられた。しかし、安政五年（一八五八）、父・斉昭らと共に日米修好通商条約の締結問題で大老・井伊直弼と対立し、翌年、斉昭は永蟄居《えいちっきょ》、慶喜は隠居、慎《つつしみ》を命じられる。それでも、文久二年（一八六二）に慶喜は一橋徳川家の当主に復帰し、第十四代将軍・徳川家茂《いえもち》（慶福《よしとみ》）の将軍後見職に抜擢された。次いで、禁裏御守衛《きんりごしゅえい》総督などに就任し、朝廷と江戸幕府との関係改善に腐心する。慶応二年（一八六六）、第二次長州征伐の最中に将軍・家茂が急死すると、推《お》されて第十五代将軍

七郎麿（徳川慶喜／JR常磐線偕楽園駅前・千波公園）

に就任した。

けれども、同三年十月十四日に朝廷に大政奉還を願い出て、翌日許される。これは優勢だった討幕派の牽制を目論《もくろ》んでの行動だが、十二月九日の王政復古の大号令により主導権を失う。謹慎生活を経て維新後は静岡などで趣味に生きた慶喜は、大正二年（一九一三）に病没した。七十七歳であった。

現在、JR偕楽園駅（臨時駅）の駅前にある千波《せんば》公園に、斉昭が少年時代の七郎麿（慶喜）を教育する姿を再現した銅像（共に坐像）が建立されている。

【駅前の銅像・石像】徳川斉昭・同七郎麿（慶喜）＝JR常磐線偕楽園駅（臨時駅）前・千波公園（水戸市）。

【関連した銅像・石像】斉昭・徳川慶喜＝南町。徳川斉昭＝弘道館（以上、水戸市）。

城山で自刃した悲運の英雄

西郷隆盛

【さいごうたかもり】生没年＝一八二七～七七

幕末維新期の薩摩藩（鹿児島市）の藩士、明治時代の政治家。幼名は小吉《こきち》、号は止水《しすい》、南洲《なんしゅう》、通称は吉兵衛《きちべえ》、吉之助《きちのすけ》で、諱（実名）は隆永《たかなが》とも。変名は菊池源吾《げんご》、大島三右衛門《さんえもん》。文政十年（一八二七）に薩摩藩士・西郷吉兵衛の嫡子として生まれた。成人後、藩主・島津斉彬《なりあきら》に登用されて庭方役《にわかたやく》となり、水面下で中央政界での工作などに従事する。

ところが、安政五年（一八五八）に斉彬が急死したことなどに悲観し、僧侶・月照《げっしょう》と共に錦江《きんこう》湾《わん》（鹿児島湾）へ入水したが、隆盛は蘇生した（月照は落命）。元治元年（一八六四）からは薩摩藩兵の指揮を命ぜられるようになるが、江戸幕府による第一次、第二次の長州征伐では断固反対の立場を主張し、第二次長州征伐では出兵拒否を貫いている。

西郷隆盛・イヌ（ＪＲ東北新幹線ほか上野駅前・上野公園）

また、慶応二年（一八六六）には坂本龍馬、中岡慎太郎の斡旋により、長州藩の桂小五郎（木戸孝允）らと「薩長同盟」を締結した。明治元年（慶応四年／一八六八）からの戊辰《ぼしん》戦争では新政府軍の参謀として薩摩藩兵を指揮し、旧幕府方の勝海舟と会談して江戸城無血開城を実現させた。けれども、旧幕臣が結成した彰義隊《しょうぎたい》が寛永寺《かんえいじ》（東京都台東区）に集結したため、長州藩兵を率いる大村益次郎《ますじろう》らとこれを撃破している。ちなみに、藩士時代の隆盛は薩摩藩国父《こくふ》・島津久光《ひさみつ》と折り合いが悪く、久光の命により奄美大島（鹿児島県奄美市ほか）、沖永良部島《おきのえらぶじま》（同県和泊《わどまり》町ほか）に配流《はいる》（遠島）となったことがあった。維新後、新政

西郷隆盛（鹿児島市・鹿児島市立美術館）

府に迎えられて参議《さんぎ》（大臣）、陸軍大将となってからも、どちらかといえば不運で、同六年の政変を機に盟友・大久保利通《としみち》らと袂《たもと》を分かって辞任し、鹿児島へ帰郷する。同七年には若者のために私学校を設立するが、私学校関係者は新政府による士族解体政策に批判的であった。同九年の不平士族の反乱に続き、遂に同十年に私学校関係者が新政府の陸軍施設を襲撃する。ことここにいたり、隆盛は促されるまま私学校関係者と挙兵し、二月に新政府の熊本鎮台《ちんだい》（熊本城／熊本市中央区）などを攻撃した。しかし、各地で敗北を重ねた隆盛は九月二十四日、城山（鹿児島市）で自刃する。五十一歳であった。

各地の銅像のうち、上野公園の銅像は明治三十一年に隆盛の名誉回復を企図して建立されたものだが、当時は隆盛の写真が見つからなかったため、制作した彫刻家・高村光雲《こううん》は存命であった西郷従道《つぐみち》《じゅうどう》（隆盛の弟／「西郷従道」の項参照）の顔などを参考にしたという。なお、この銅像は

大久保利通（鹿児島市・高見橋東詰）

着流しの隆盛が愛犬を連れて散歩する姿を再現したという親しみあるものであるため、時代が変わっても銅像自体の人気が衰えることがない。

他に西郷隆盛洞窟、鹿児島市立美術館横、西郷公園、西郷南洲謫居《たっきょ》の地、沖永良部島の南洲神社に隆盛の銅像が建立されているが、鹿児島市立美術館の銅像は陸軍大将の正装を身に纏っている。他方、沖永良部島の西郷隆盛配流地跡のものは配流地で正座する姿を再現した銅像であるが、（他の銅像と異なって）この銅像における隆盛は痩せこけている。

【駅前の銅像・石像】西郷隆盛＝ＪＲ東北新幹線・東京メトロ銀座線ほか上野駅前、京成本線京成上野駅前・上野公園（東京都台東区）。

【関連した銅像・石像】西郷隆盛＝西郷隆盛洞窟（三体）、鹿児島市立美術館（以上、鹿児島市）、西郷公園（鹿児島県霧島市）、西郷南洲謫居の地、南洲神社（以上、鹿児島県和泊町）。西郷隆盛・菅実秀《すげさねひで》＝西郷南洲顕彰館、西郷武屋敷跡（鹿児島市）、南洲神社（山形県酒田市）。大久保利通＝高見橋東詰（鹿児島市）。

討幕や陸海軍の創設に貢献した軍政家

大村益次郎

【おおむらますじろう】生没年＝一八二四〜六九

幕末維新期の兵制家。幼名は宗太郎、通称は蔵六《ぞうろく》、諱（実名）は永敏《ながとし》、号は良庵《りょうあん》などで、旧姓は村田。文政八年（一八二四）に医師・村田孝益《こうえき》の長男として周防鋳銭司《すおうすぜんじ》村（山口市）で生まれた。適塾（大阪市中央区）の緒方洪庵のもとで蘭学修行に励み、嘉永六年（一八五三）以降に伊予《いよ》宇和島《うわじま》藩（愛媛県宇和島市）、次いで江戸幕府に招かれ、蕃書調所《ばんしょしらべしょ》（東京大学の前身）や講武《こうぶ》所《しょ》などに勤務した。さらに、長州藩（山口県萩市）に転じ、主に西洋式軍備の導入等の兵制の分野で活躍した。また、慶応二年（一八六六）の第二次長州征伐、明治元年（慶応四年／一八六八）の戊辰戦争では優れた采配をみせ、同年の上野戦争（上野彰義隊の戦い）でも長州藩兵を率いて奮闘する。新政府では兵部省《ひょうぶ》（陸軍省、海軍省の前身）の次官・兵部大輔《たいふ》に就任して手腕を振る

大村益次郎（東京メトロ東西線ほか九段下駅前・靖国神社）

ったが、軍隊の編制に際して諸藩の藩兵を基幹とすべきと主張する大久保利通と、広く国民から募った志願兵、徴兵を基幹とすべきと主張する益次郎の間で論争が巻き起こった。同二年、京都・三条木《き》屋《や》町上《まちあが》ル（京都市中京区）の旅館で刺客の襲撃を受け、二カ月後に落命した。四十六歳であった。

没後、山田顕義《あきよし》らの発意で同二十六年に靖国《やすくに》神社（現在の東京メトロなどの九段下駅前／東京都千代田区）に益次郎の立像（彫刻家・大熊氏廣《うじひろ》制作）が建立された。この銅像は高い台座の上へ載る立像で、東京を代表する銅像の一つとして高い評価を得ている。

【駅前の銅像・石像】大村益次郎＝東京メトロ東西線・都営地下鉄新宿線ほか九段下駅前・靖国神社（東京都千代田区）。

新選組を率いた天然理心流の剣客

近藤　勇【こんどういさみ】生没年＝一八三四〜六八

江戸時代後期、幕末期の剣客、新選組局長。旧姓は宮川、島崎で、通称は勝太《かった》ともいい、諱（実名）は昌宜《まさよし》、変名は大久保剛、同大和《やまと》。天保五年（一八三四）に武蔵上石原村（東京都調布市）の領民・宮川久次《きゅうじ》（久次郎）の三男（末子）として生まれた。少年時代から天然理心《てんねんりしん》流の剣客・近藤周助《しゅうすけ》に師事し、才能を認められて周助の養子に迎えられる。

文久元年（一八六一）に天然理心流第四代宗家となり、江戸・市ケ谷（東京都新宿区）で道場・試衛館《しえいかん》を経営した。この当時の門弟には土方歳三《ひじかたとしぞう》、沖田総司《そうじ》らがおり、流派は違うが永倉新《しん》八《ぱち》らも試衛館へ出入りしていたという。文久三年、江戸幕府が将軍の護衛のために浪士隊《ろうしたい》の募集を開始すると、歳三、総司、新八ら門弟、食客《しょっかく》十数人を率いてこれに応じる。同年、清河八郎ら

地域住民によって建立された近藤勇像（三鷹市・龍源寺）

に率いられた浪士隊は上洛したが、八郎と意見を異にした芹沢鴨《せりざわかも》、勇ら二十人前後は京都へ残留した。さらに、鴨、勇らは工作を重ね、江戸幕府の京都守護職・松平容保《かたもり》（陸奥会津《むつあいづ》藩主）の指揮下に入ることに成功する。

当時、屯所《とんしょ》が京都の壬生《みぶ》村（京都市中京区）に置かれていたことから、鴨、勇らは壬生浪士組、壬生浪人と呼ばれたが、局長に鴨が、副長には新見錦《にいみにしき》と勇が就任した。発足当初、勇と歳三とは粗暴な鴨、錦を粛清《しゅくせい》して実権を掌握し、局長の勇を、副長の歳三や、総司、新八、斎藤一《はじめ》らが補佐するという組織を構築する。

以後、壬生浪士組は尊皇攘夷派の取り締まりに従事し、元治元年（一八六四）六月五日には池田屋（同区）で謀議中の宮部鼎蔵《ていぞう》、吉田稔麿《としまろ》ら十数人を殺傷、捕縛するという殊勲をあげた。さらに、同年七月の禁門《きんもん》（蛤御門《はまぐりごもん》）の変にも出動し、この前後に隊名を正式に新選組と改めている。

新規の隊士募集も逐次行なわれ、隊士の数は二百人を超えたが、方針をめぐって対立した総長の山南敬助《やまなみけいすけ》、参謀の伊東甲子太郎《かしたろう》ら多数を粛清した。慶応三年（一八六七）には勇が江戸幕府の幕臣に栄進したが、一連の勇の言動に反発する者も続出する。中でも、甲子太郎と共に新選組を脱退し、御陵衛士《ごりょうえじ》（高台寺党《こうだいじとう》）を称していた篠原泰之進《たいのしん》、加納鷲雄《わしお》らのそれは凄まじく、十二月

近藤勇（ＪＲ埼京線板橋駅前）

十八日に鉄砲で勇を狙撃したほどであった。肩に被弾した勇は摂津《せっつ》大坂（大阪市）で療養したが、代わって歳三が指揮した新選組は明治元年（慶応四年／一八六八）一月三日の鳥羽・伏見の戦いで新政府方に敗北する。さらに、甲陽鎮撫隊《こうようちんぶたい》を結成して臨んだ勝沼（山梨県甲州《こうしゅう》市）の戦いでも敗れたため、新八ら古参隊士も去っていく。

それでも、勇と歳三はなおも新選組の再

建に熱意を注ぎつつ下総流山《しもうさながれやま》（千葉県流山市）へ駐屯したが、勇はやがて新政府方に身柄を確保される。

なお、当時の勇は大久保大和の変名を用いていたが、新政府方に身を投じていた鷲雄らに正体を見破られてしまう。この後、助命を実現するべく歳三が各方面へ工作を重ねたが功を奏さず、勇は四月二十五日に板橋で斬首となった。三十五歳であった。

現在、ＪＲ板橋駅前には新八が建立した勇、歳三の見事な墓碑があり、墓碑の側面には隊士百十名の名が刻まれているが、いかなる理由か勇の名が「近藤勇宜昌」と誤刻《ごこく》されている。その傍らには新八の墓碑があり、勇の立像や、画像（肖像画）を刻んだ石碑も建立された。

近藤勇の肖像が刻まれた石碑（ＪＲ埼京線板橋駅前）

なお、勇の首、遺骸の埋葬地には諸説があるが、勇の郷里に近い龍源寺《りゅうげんじ》、歳三ゆかりの天寧寺《てんねいじ》（福島県会津若松市）の他に、法蔵寺《ほうぞうじ》（愛知県岡崎市）、高国寺《こうこくじ》

（山形県米沢市）などに墓碑があり、以上の寺院や長流寺《ちょうりゅうじ》（流山市）などで熱心な供養、顕彰活動が続けられている。また、壬生寺や東京都下の龍源寺、小島資料館に勇の胸像があり、西光寺《さいこうじ》には坐像が、甲州市の柏尾《かしお》（勝沼）古戦場には立像が建立されている。

【駅前の銅像・石像】近藤勇（銅像、石碑）＝JR埼京線板橋駅前（東京都板橋区）。

【関連した銅像・石像】近藤勇＝壬生寺（京都市中京区）、龍源寺（東京都三鷹市）、小島資料館（東京都町田市）、西光寺（調布市）、柏尾（勝沼）古戦場（甲州市）。

第六章　明治時代の人物

上野公園造園を建言したオランダ軍医

ボードワン

生没年＝一八二〇～八五

オランダの陸軍軍医。名はアントニウスで、姓はボードイン、ボードウィンとも表記する。文《ぶん》政《せい》三年（一八二〇）にドルトレヒトで生まれ、軍医学校を卒業して陸軍軍医となった。文久《ぶんきゅう》二年（一八六二）から江戸幕府の長崎医学校（長崎市）、明治二年（一八六九）から新政府の大阪陸軍病院、同三年には大学東校《とうこう》（東京大学医学部の前身）で講義を担当する。この間、新政府から上野への病院建設構想について相談を受けた。この時、西洋式公園の造園を建言するが、同三年秋に職を離れて帰国し、同十八年に病没する。六十四歳であった。

右の建言が上野公園造園に繋《つな》がったことから、昭和四十八年に上野公園の中央噴水広場西側にボードワンの銅像が建立された。ところが、制作する際の不手際で弟のアルベルト（駐日総領事）

弟のアルベルト・ボードワン（神戸市中央区・ポートアイランド北公園）

兄のアントニウス・ボードワン（ＪＲ東北新幹線ほか上野駅前・上野公園）

の写真が使われていたことが判明する。やむなく、弟の銅像を撤去した上で、兄のアントニウスの写真を参考に改めて銅像が制作され、平成十八年に上野公園に建立された。なお、両像の最大の違いは、兄のアントニウスの銅像は上唇の上に短い（八の字形の）ヒゲがあるのみだが、弟のアルベルトの銅像は口の周辺や顎から長いヒゲが伸びているという点である。ちなみに、アルベルトの銅像は現在、ポートアイランド北公園（神戸市中央区）に北向きに設置されており、今日も神戸の街の繁栄を見守っている。

【駅前の銅像・石像】ボードワン（兄／アントニウス）＝ＪＲ東北新幹線・東京メトロ銀座線ほか上野駅前、京成本線京成上野駅前・上野公園（東京都台東区）。
【関連した銅像・石像】ボードワン（弟／アルベルト）＝ポートアイランド北公園（神戸市中央区）。

大日本帝国憲法発布時の総理大臣

黒田清隆

【くろだきよたか】生没年＝一八四〇～一九〇〇

幕末期の薩摩藩（鹿児島市）の藩士、明治時代の政治家、総理大臣。通称は了介《りょうすけ》。天保《てんぽう》十一年（一八四〇）に薩摩藩の藩士・黒田清行《きよゆき》の子として生まれた。討幕運動に奔走《ほんそう》し、明治二年（一八六九）からの箱館戦争（箱館五稜郭《ごりょうかく》攻防戦）で軍功をたてた。維新後は明治三年に開拓使（北海道庁の前身）の次官、同八年に長官に就任して北海道開拓に足跡を残すが、同十四年の実業家・五代友厚《ごだいともあつ》らへの官有物払下げ問題では世論の批判を受けた。同二十一年には黒田清隆内閣を組閣後、大日本帝国憲法発布を実現させるが、一方では超然《ちょうぜん》主義を主張し、自由民権運動に弾圧を加える。ところが、外務大臣・大隈重信《おおくましげのぶ》による不平等条約改正交渉が失敗したため、同二十二年に内閣は総辞職した。清隆は明治三十三年に病没する。六十一歳であった。現在、生家跡に近い鹿

黒田清隆（札幌市営地下鉄東西線西11丁目駅前・大通公園）

黒田清隆（鹿児島市交通局〔市電〕１系統・２系統高見馬場停留場前）

児島市交通局（市電）高見馬場停留場前に清隆と樺山資紀《かばやますけのり》（「樺山資紀」の項参照）の銅像が、札幌市営地下鉄西11丁目駅前（札幌市中央区）の大通公園に清隆とケプロン（「ケプロン」の項参照）の銅像がある。

このうち、高見馬場停留場前のものは維新前であるため、二人は頭に丁髷《ちょんまげ》を結い、腰に刀を差している。一方、高い台座の上に据えられた大通公園のものは開拓使時代の姿をモチーフとした立像で、清隆も、またケプロンも、共に洋服を着ている。

【駅前の銅像・石像】黒田清隆・樺山資紀＝鹿児島市交通局（市電）１系統・２系統高見馬場停留場前（鹿児島市）。黒田清隆・ケプロン＝札幌市営地下鉄東西線西11丁目駅前・大通公園（札幌市中央区）。

北海道開拓の方針を策定した農政家

ケプロン

生没年＝一八〇四〜八五

明治時代前期の農政家、アメリカ陸軍軍人（陸軍少将）、新政府のお雇《やとい》外国人。名はホーレス。北海道開拓に足跡を残したが、特に国産ビールの醸造を指導した人物として評価が高い。アメリカのマサチューセッツ州に生まれ、明治四年（一八七一）に新政府に招かれ、開拓使（北海道庁の前身）の教師頭取兼顧問として来日する。やがて、アメリカから土木工事、工業、農業など各分野の技術者を雇うといった北海道開拓の方針を策定し、同五年から実現させた。また、道路や交通機関が未整備の時代に、進んで道内を巡視して指導すると同時に、開拓使長官宛の報告書などを作成し、その報告書を英文で刊行している。

なお、多岐にわたるケプロンの業績で特に名高いものは、①麦の作付け、パン食を奨励した、

ケプロン（札幌市営地下鉄東西線西11丁目駅前・大通公園）

②開拓使麦酒醸造所（サッポロビールの前身）を設立して国産ビール製造を軌道に乗せた、③鮭などの魚類を加工する缶詰工場を設立して産業として定着させた、④札幌～室蘭《むろらん》（北海道室蘭市）間の馬車道（36号線）などの北海道内の道路を整備した、といった点が挙げられる。

　ちなみに、ケプロンは鉄道敷設も夢見ていたが、実現を見ぬまま明治八年に帰国した。同十八年にアメリカの首都・ワシントンで病没する。八十歳であった。現在、札幌市営地下鉄西11丁目駅前の大通公園には、長官の黒田清隆（「黒田清隆」の項参照）の銅像（立像）と、ケプロンの銅像（立像）とが建立されている。

【駅前の銅像・石像】ケプロン・黒田清隆＝札幌市営地下鉄東西線西11丁目駅前・大通公園（札幌市中央区）。

実業界で大活躍した「日本資本主義の父」

渋沢栄一

【しぶさわえいいち】生没年＝一八四〇～一九三一

幕末期の幕臣、明治時代～昭和時代の実業家、社会事業家。号は青淵《せいえん》で、「日本資本主義の父」という異名もある。天保十一年（一八四〇）に武蔵《むさし》血洗島村《ちあらいじまむら》（埼玉県深谷市）の豪農・渋沢市郎《いちろう》右衛門《えもん》の長男として生まれた。尊皇攘夷運動を経て、一橋徳川家、次いで江戸幕府に仕え、慶応三年（一八六七）には清水徳川家当主・徳川昭武《あきたけ》（第十五代将軍・慶喜《よしのぶ》の弟）の随員としてヨーロッパへ赴く。維新後は新政府に出仕して大蔵大丞《だいじょう》（大蔵省の局長クラス）を務め、財政整理に手腕をふるう。やがて、明治六年（一八七三）に辞職し、以後は実業家として第一国立銀行等の銀行、企業を数多く設立した。なお、日本鉄道会社の発起人に名を連ねるなど、栄一は鉄道事業の発展にも足跡を残している。一説に、栄一が設立に関与した銀行、企業は五百社を超えるとい

渋沢栄一（東京メトロ銀座線ほか三越前駅前・常盤橋公園）

渋沢栄一（ＪＲ高崎線深谷駅前・青淵広場）

う。しかし、大正五年（一九一六）に実業家を引退し、以後は各種の社会事業に関与しつつ、理化学研究所、東京商科大学（一橋大学の前身）などの設立にも関与する。そんな栄一は昭和六年（一九三一）に病没した。九十二歳であった。各地の銅像のうち、郷里であるＪＲ深谷駅前の青淵広場のものは和服を着た坐像で、東京メトロ三越前駅前の常盤橋《ときわばし》公園のものは洋服を着た立像である。このうち、青淵広場は栄一の号にちなんで整備、命名されたものである。

【駅前の銅像・石像】渋沢栄一＝ＪＲ高崎線深谷駅前・青淵広場（深谷市）、東京メトロ銀座線ほか三越前駅前・常盤橋公園（東京都千代田区）。

【関連した銅像・石像】渋沢栄一＝渋沢栄一生地「中《なか》の家《んち》」、渋沢栄一記念館、深谷市役所（以上、深谷市）／ほか。

大阪財界の牽引役を果たした実業家

五代友厚

【ごだいともあつ】　生没年＝一八三五〜八五

幕末期の薩摩藩（鹿児島市）の藩士、明治時代の実業家。幼名、通称は徳助《とくすけ》、才助《さいすけ》。天保六年（一八三五）に薩摩藩士・五代秀堯《ひでたか》の次男として鹿児島城下で生まれた。文久二年（一八六二）に清国《しんこく》（中国）の上海へ、慶応元年（一八六五）には薩摩藩幕末留学生を率いてヨーロッパへ赴き、国際感覚を養う。維新後、大阪駐在の新政府の外国官権判事《がいこくかんごんのはんじ》などを経て、明治二年（一八六九）に辞職し、以後は大阪財界の牽引役を果たした。実業家として鉱山開発、藍《あい》の生産、販売などの各種事業を手がける一方で、大阪株式取引所、大阪商法会議所、大阪商業講習所（以上、大阪証券取引所、大阪商工会議所、大阪市立大学の前身）の創設に尽力する。また、南海電気鉄道、商船三井の前身に当たる大阪堺間鉄道、大阪商船などの創設にも深く関与した。同十四年の開拓使

五代友厚（京阪本線ほか北浜駅前・大阪証券取引所旧本館）

長官・黒田清隆との官有物払下げ問題では世論の批判を浴びたが、大阪財界の発展に多大な功績を残した友厚は明治十八年に病没する。五十一歳であった。各地の銅像のうち、京阪などの北浜駅前（大阪市中央区）に当たる大阪証券取引所旧本館などに立像が建立されている。さらに、「若き薩摩の群像」（「薩摩藩幕末留学生」の項参照）の中にも友厚の坐像がある。

【駅前の銅像・石像】五代友厚＝京阪本線・大阪市営地下鉄堺筋線北浜駅前・大阪証券取引所旧本館（大阪市中央区）。「若き薩摩の群像（五代友厚など十七体）」＝ＪＲ九州新幹線鹿児島中央駅前（鹿児島市）。

【関連した銅像・石像】五代友厚＝泉公園（鹿児島市）、大阪商工会議所（五代友厚など三体）、光世証券（以上、大阪市中央区）。

「蛮勇演説」などで知られる海軍軍人

樺山資紀

【かばやますけのり】　生没年＝一八三七～一九二二

幕末期の薩摩藩（鹿児島市）の藩士、明治時代の海軍軍人（海軍大将）、政治家。幼名は覚之進《かくのしん》、旧姓は橋口。天保八年（一八三七）に薩摩藩士・橋口与三次《よさじ》の三男として鹿児島城下で生まれ、同藩士・樺山四郎左衛門《しろうざえもん》の養子になった。明治元年（慶応四年／一八六八）からの戊辰《ぼしん》戦争に参加し、同四年からは新政府の陸軍軍人となり、同十年の西南戦争では熊本鎮台《ちんだい》（熊本市中央区）の参謀長として猛攻を凌《しの》ぐ。以後、警視総監を経て海軍軍人に転じ、海軍大輔《たいふ》、海軍次官（以上、海軍省の次官）、海軍大臣などを歴任する。しかし、松方正義《まさよし》内閣の海軍大臣であった同二十四年、衆議院で海軍拡張案が否決されると、藩閥《はんばつ》政治の功績を誇る「蛮勇《ばんゆう》演説」を行ない、衆議院解散、松方内閣の総辞職を招く。

樺山資紀（鹿児島市交通局〔市電〕1系統・2系統高見馬場停留場前）

海軍軍令部長であった同二十七年には日清戦争の黄海《こうかい》海戦で「西京丸《さいきょうまる》」に乗り込んで督戦《とくせん》するが、舵《かじ》に被弾し、危うく敵方の捕虜となりかけたが、航海長・山屋《やまや》他人《たにん》（のち海軍大将／皇太子妃雅子さまの曾祖父）の操艦で窮地を脱している。海軍大将に昇進した同二十八年には、初代台湾総督に就任した。以後、内務大臣、文部大臣、枢密《すうみつ》顧問官などを歴任した資紀は、大正十一年（一九二二）に病没した。八十六歳であった。現在、生家跡に近い鹿児島市交通局（市電）高見馬場停留場前に資紀と黒田清隆（「黒田清隆」の項参照）の銅像があるが、維新前であるため資紀は頭に丁髷《ちょんまげ》を結い、腰に刀を差している。

【駅前の銅像・石像】樺山資紀・黒田清隆＝鹿児島市交通局（市電）1系統・2系統高見馬場停留場前（鹿児島市）。

『宮さん宮さん』の作詞者でもある政治家

品川弥二郎

【しながわやじろう】生没年＝一八四三～一九〇〇

幕末期の長州《ちょうしゅう》藩（山口県萩《はぎ》市）の藩士、明治時代の政治家。号は扇洲《せんしゅう》、通称は省吾《しょうご》、弥吉《やきち》とも。天保十四年（一八四三）に長州藩士・品川弥市《やいち》右衛門の嫡子として萩城下で生まれた。安政四年（一八五七）に吉田松陰《しょういん》の松下村塾《しょうかそんじゅく》へ入塾して以後、尊皇攘夷運動、次いで討幕運動に没頭する。明治元年（慶応四年／一八六八）からの戊辰戦争では東北などを転戦するが、この前後に軍歌『宮さん宮さん』を作詞した。維新後、同九年の農商務省（農林水産省、経済産業省の前身）設立時に農商務大輔（次官）となり、大日本農会、共同運輸会社（日本郵船の前身）などの設立に尽力した。しかし、松方正義内閣の内務大臣であった同二十五年、第二回総選挙で大規模な選挙干渉を行ない、辞任に追い込まれている。

品川弥二郎（東京メトロ東西線ほか九段下駅前・九段坂公園）

同三十三年、当時の東京市麹町《こうじまち》区富士見町（東京都千代田区）の自宅で五十八歳で病没したが、この自宅は九段坂公園（後述）に近い。現在、郷里である萩市の道の駅「萩往《おう》還《かん》」に共に松下村塾で学んだ弥二郎と山田顕《あき》義《よし》の銅像が、東京メトロなどの九段下駅前の九段坂公園には弥二郎の銅像（本山白雲制作）がある。このうち、「萩往還」のものは維新前をモチーフとした立像であるため、二人とも頭に丁髷を結い、腰に刀を差している。

一方、靖国《やすくに》神社の向かいの九段坂公園の弥二郎の銅像は、洋服を着た立像である。

【駅前の銅像・石像】品川弥二郎＝東京メトロ東西線・都営地下鉄新宿線ほか九段下駅前・九段坂公園（東京都千代田区）。

【関連した銅像・石像】品川弥二郎・山田顕義＝道の駅「萩往還」（萩市）。

髯《ひげ》と百円札で有名な自由民権運動家

板垣退助

【いたがきたいすけ】生没年＝一八三七〜一九一九

幕末期の土佐藩（高知市）の藩士、明治時代の政治家、自由民権運動家。肖像が百円の日本銀行券（お札）の図柄となっていることで有名である。天保八年（一八三七）に土佐藩士・乾正成《いぬいまさなり》の子として生まれる。幼名は猪之助《いのすけ》、諱（実名）は正躬《まさみ》、正形《まさがた》で、旧姓は乾。土佐藩時代は上士（上級の藩士）の代表格として討幕運動に参加し、明治元年（慶応四年／一八六八）からの戊辰戦争では日光山《にっこうさん》（栃木県日光市）を戦禍から救った。

維新後は参議《さんぎ》（大臣）となるが同六年に辞職し、以後は新政府への民撰議院設立建白書の提出、立志社《りっししゃ》、自由党の結成などの自由民権運動に没頭する。同十五年、地方組織拡大を目指して遊説中の岐阜市で暴漢に刺されて負傷し、「板垣死すとも自由は死せず」の名言を残した。のちに、同

板垣退助（金華山ロープウェー山麓駅前・岐阜公園）

二十九年の第二次伊藤博文《ひろぶみ》内閣で内務大臣、同三十一年の大隈重信内閣（隈板《わいはん》内閣）で内務大臣を務めた。そんな退助は大正八年（一九一九）に八十三歳で病没する。現在、金華山《きんかざん》ロープウェー山麓駅前の岐阜公園、土佐高知城に右手を突き出した姿の立像が、日光山麓、神橋《しんきょう》の近くに腕を組んだ姿の立像が建立されている。さらに、花外楼《かがいろう》に隣接するワイズピア北浜の壁面には退助ら「大阪会議」参加者のレリーフがある。なお、退助が明治十五年に暴漢に刺されたのは、現在の岐阜公園にあった中教院《なかぎょういん》の玄関先でのことであった。

【駅前の銅像・石像】板垣退助＝金華山ロープウェー山麓駅前・岐阜公園（岐阜市）。退助、木戸孝允ら五人（レリーフ）＝京阪本線・大阪市営地下鉄堺筋線北浜駅前・ワイズピア北浜（大阪市中央区）。

【関連した銅像・石像】板垣退助＝土佐高知城（高知市）、日光山（日光市）。

オッペケペー節で一世を風靡した俳優

川上音二郎

【かわかみおとじろう】生没年＝一八六四～一九一一

明治時代の俳優。元治《げんじ》元年（一八六四）に筑前博多《ちくぜんはかた》（福岡市博多区）の商人・川上専蔵《せんぞう》の子として生まれる。少年時代に自由童子《どうじ》と称して自由党の壮士《そうし》となるが行き詰まり、大阪で落語家・桂文之助《ぶんのすけ》の門を叩く。その時、浮世亭○○《うきよていまるまる》の芸名で時事ネタをもとに高座でオッペケペー節を演じ、明治二十四年（一八九一）には川上書生芝居《しょせいしばい》を旗揚げした。同年、東京へ進出して岐阜事件（「板垣退助」の項参照）、華族の御家騒動などの実話を劇化して好評を得る。さらに、日清戦争を題材とした芝居で新派劇の基礎をつくったが、妻の川上貞奴《さだやっこ》（一八七一～一九四六）らと同三十二年から欧米で興行をした。帰国後、貞奴と共にシェークスピアの翻訳劇を上演し、帝国女優養成所、帝国座を創設するなど、わが国の近代演劇の発展に多大な功績を残すが、同四十四年に四

川上音二郎（福岡市営地下鉄空港線ほか中洲川端駅前）

十八歳で病没した。
なお、貞奴はわが国の女優第一号だが、夫亡き後は福澤桃介《とうすけ》（諭吉の娘婿）と浮名を流すなど奔放《ほんぽう》な行動で世間の耳目《じもく》を集めた。現在、福岡市営地下鉄中洲川端《なかすかわばた》駅前には、右手に扇を持った音二郎の銅像（坐像）がある。また、貞奴が創建した貞照寺《ていしょうじ》の貞奴縁起館には貞奴の銅像（胸像）が、桃介ゆかりの恵那峡《えなきょう》県立自然公園には貞奴のレリーフがある。

【駅前の銅像・石像】川上音二郎＝福岡市営地下鉄空港線ほか中洲川端駅前（福岡市博多区）。
【関連した銅像・石像】川上貞奴＝貞照寺貞奴縁起館（岐阜県各務原《かかみがはら》市）、恵那峡県立自然公園（レリーフ／岐阜県恵那市）。

ミキモト真珠で世界へ打って出た養殖家

御木本幸吉【みきもとこうきち】生没年＝一八五八～一九五四

明治時代～昭和時代の真珠養殖家。幼名・吉松。安政五年（一八五八）に製麺業（屋号阿波《あわ》幸《こう》）・御木本音吉《おときち》の長男として志摩大里町《しまおおさと》（三重県鳥羽《とば》市）で生まれた。成人後に海産物の売買をはじめたが、明治二十三年（一八九〇）に相島《おじま》（現在のミキモト真珠島《しんじゅじま》、鳥羽市）で真珠の養殖を開始する。

次いで、生物学者の箕作佳吉《みつくりかきち》（阮甫《げんぽ》の孫）らの指導を受けつつ、英虞湾《あごわん》の田徳島《たとくじま》（後の多徳島、三重県志摩市）で大規模な真珠の養殖に着手した。当初、アコヤガイを養殖しても全く真珠が得られない時期が続くが、創意工夫の末、遂には国産真珠の大量養殖に成功する。なお、幸吉は真珠の品質の向上や、加工にも工夫を重ねる一方で、内外の博覧会、品評会などに積極的に出展、出品し、輸出の道を模索するなど販売の面でもたゆまぬ努力を重ねた。

そして、ロンドン、ニューヨークなどに直販店を有するなどした幸吉は、「世界の真珠王」の異名を得るにいたる。そんな幸吉は昭和二十九年（一九五四）に病没した。九十六歳であった。現在、鳥羽市のJR、近鉄の鳥羽駅前、それに見学施設・ミキモト真珠島の島内に幸吉の銅像（立像）がある。このうち、鳥羽駅前の幸吉の銅像の左横には、バスケットボールよりも大きい地球儀のモニュメントもつくられている。一方、ミキモト真珠島の銅像は、外套《がいとう》を着、頭に帽子という服装で、手に杖を持っている。

御木本幸吉（ＪＲ参宮線ほか鳥羽駅前）

【駅前の銅像・石像】御木本幸吉＝ＪＲ参宮線・近鉄鳥羽線ほか鳥羽駅前（鳥羽市）。

【関連した銅像・石像】御木本幸吉＝ミキモト真珠島（鳥羽市）。

演劇など多方面で活躍した稀代の啓蒙家

坪内逍遙

【つぼうちしょうよう】生没年＝一八五九〜一九三五

明治時代〜昭和時代の評論家、作家、劇作家、翻訳家、教育者。本名は雄蔵《ゆうぞう》（勇蔵）、別号は春《はる》の屋《や》朧《おぼろ》など。安政六年（一八五九）に尾張《おわり》藩（名古屋市）の藩士・坪内平之進《へいのしん》の子として美濃《みの》太田村（岐阜県美濃加茂《かも》市）で生まれた。名古屋市の英語学校を経て東京大学政治学卒業後に東京専門学校（後の早稲田大学）講師（のち教授）となり、長く同大学の教壇に立った。この間、小説、演劇、翻訳など多方面で先駆的な仕事を次々とこなしたが、中でも小説『小説神髄《しんずい》』や『当《とう》世書生気質《せいしょせいかたぎ》』、戯曲『桐一葉《きりひとは》』は、今なお高い評価を得ている。

また、『早稲田文学』の創刊、『ハムレット』などの上演、さらにはシェークスピアの全作品の翻訳などの偉業も残したが、作家・森鷗外《もりおうがい》との「没理想《ぼつりそう》論争」でも世間の注目を浴びた。昭和十

坪内逍遥（ＪＲ高山本線ほか美濃太田駅前）

年（一九三五）に病没。七十七歳であった。端的にいえば、逍遥は明治維新後の啓蒙家《けいもうか》の中で、もっとも優れた人物だったといっても過言ではあるまい。

なお、シェークスピア全作品の翻訳完成を記念して創設された早稲田大学演劇博物館に逍遥の銅像がある。また、生誕地の最寄駅であるＪＲ、長良川鉄道の美濃太田駅の駅前にも逍遥の銅像（胸像）がある。このうち、前者は広げた左手に書物を持っていることから、大学での講義、もしくは劇場での演出、演技指導をモチーフとしているものと推測される。

【駅前の銅像・石像】坪内逍遥＝ＪＲ高山本線・長良川鉄道越美南《えつみなん》線ほか美濃太田駅前（美濃加茂市）。
【関連した銅像・石像】坪内逍遥＝早稲田大学演劇博物館（東京都新宿区）。

日本画壇の創設に貢献した美術評論家

岡倉天心

【おかくらてんしん】生没年＝一八六二〜一九一三

明治時代の美術評論家、思想家。幼名は角蔵《かくぞう》、本名は覚三《かくぞう》。文久二年（一八六二）に生糸《きいと》商人（元越前《えちぜん》福井藩士）・石川屋勘右衛門《いしかわやかんえもん》の子として武蔵横浜（横浜市）で生まれた。明治十三年（一八八〇）に東京大学を卒業後、文部省に奉職して美術行政に携わる。次いで、狩野芳崖《かのうほうがい》、橋本雅邦《がほう》らと交遊し、日本画をはじめとする日本の伝統文化の復興に尽力した。また、東京美術学校（東京藝術大学の前身）の創設、雑誌『国華』の創刊、日本美術院の創設などにも尽力している。同三十七年から十年間はボストン美術館東洋部長を務め、英文の『東洋の理想』や『茶の本』のロンドン、ニューヨークでの刊行を通じ、日本文化の海外紹介に腐心する。そんな天心は大正二年（一九一三）に病没した。五十二歳であった。ところで、天心は

五浦釣人（岡倉天心／ＪＲ山陽新幹線ほか福山駅前）

明治時代後期の一時期、五浦《いづら》（茨城県北茨城市）へ日本美術院を移していたことがある。彫刻家・平櫛田中《ひらぐしでんちゅう》が制作したＪＲ福山駅前（広島県福山市）の五浦釣人《ちょうじん》の銅像は、多くの画家を育てた天心を釣り人に見立てたという名作である。また、同じ銅像が井原《いばら》市の田中美術館にあり、福井市の中央公園にも天心の銅像（立像）が建立されている。なお、五浦の茨城大学五浦美術文化研究所にも銅像（胸像）などがあるが、天心ゆかりの六角堂（同研究所内）は東日本大震災で壊滅的な被害を受けた。

【駅前の銅像・石像】五浦釣人（岡倉天心）＝ＪＲ山陽新幹線ほか福山駅前（福山市）。

【関連した銅像・石像】岡倉天心＝中央公園（福井市）、田中美術館（岡山県井原市）、茨城大学五浦美術文化研究所、茨城県天心記念五浦美術館（以上、北茨城市）／ほか。

鉄道開業に貢献した鉄道技術者

佐藤政養

【さとうまさよし】 生没年＝一八二一〜七七

幕末期の蘭学者、幕臣、明治時代の鉄道技術者。明治五年（一八七二）九月十二日（太陽暦十月十四日）の新橋〜横浜間の鉄道敷設に貢献したことで有名である。通称は与之助《よのすけ》、号は李山《りざん》、箺溪《しょうけい》。なお、政養を「まさやす」と読む説もある。文政四年（一八二一）に出羽升川村《でわますかわ》（山形県遊佐町《ゆざ》）に生まれ、勝海舟《かつかいしゅう》に入門し、江戸幕府の長崎海軍伝習所《でんしゅうじょ》に進む。のちに、大坂鉄砲奉行などの江戸幕府の軍事関係の役職を歴任するが、維新後は新政府の工部省鉄道寮《こうぶしょうてつどうりょう》へ出仕して、初代鉄道助《てつどうのすけ》（次官）に就任した。当時、鉄道頭《てつどうのかみ》（長官）は井上勝《まさる》（「井上勝」の項参照）であったが、政養は新橋〜横浜間の鉄道敷設でイギリス人の技師長エドモンド・モレルと再三再四打ち合わせを重ね、測量や設計、さらには路線のルート、駅の設置などの実務面を担当する。その後、

佐藤政養（ＪＲ羽越本線吹浦駅前）

政養は現在の東海道本線、北陸本線（一部）の敷設計画に関与し、関係した数多くの報告書、意見書を執筆した。

そんな政養は明治十年に病没した。五十七歳であった。なお、政養が執筆した数多くの報告書、意見書、関係の鉄道資料などは鉄道記念物に指定され、現在、交通博物館を経て鉄道博物館（さいたま市大宮区）へ移管、所蔵されている。さらに、昭和三十九年には生誕地の最寄駅であるＪＲ吹浦《ふくら》駅の駅前に政養の銅像（立像）が建立された。ちなみに、地元では「鉄道の日」である十月十四日に、銅像の周囲で顕彰祭が行なわれている。

【駅前の銅像・石像】佐藤政養＝ＪＲ羽越本線吹浦駅前（遊佐町）。モレル（レリーフ）＝ＪＲ根岸線ほか桜木町駅構内（横浜市中央区）。

松方財政で有名な薩摩藩閥の巨頭

松方正義

【まつかたまさよし】生没年＝一八三五〜一九二四

幕末期の薩摩藩（鹿児島市）の藩士、明治時代〜大正時代の政治家。緊縮財政・松方財政を繰り広げた人物として知られている。通称は金次郎《きんじろう》、助左衛門《すけざえもん》。天保六年（一八三五）に薩摩藩士・松方正恭《まさやす》の四男として鹿児島城下で生まれる。維新後、新政府に出仕し、大蔵大輔（次官）、内務卿《ないむきょう》等を経て、同十四年に参議（大臣）兼大蔵卿に就任する。

ところで、紙幣は金貨との交換の可否により兌換《だかん》紙幣と不換《ふかん》紙幣とに分かれるが、同十年の西南戦争の前後、実質的な不換紙幣が乱発されたためにインフレーションを引き起こしていた。正義は増税を断行してデフレーションへ誘導すると共に、官営事業の民間への払下げ、歳出の削減などの緊縮財政で不換紙幣を整理、償却したが、この松方財政、松方デフレによって地主などの

松方正義（鹿児島市交通局〔市電〕1系統武之橋停留場前・甲突川右岸緑地）

中に財産を失って没落する者も続出した。その後、日本銀行の設立、兌換制度の確立などに務めた正義は、以降の内閣でも大蔵大臣に就任し、同二十四年から翌々年、同二十九年から翌年の二度、内閣総理大臣を務めている。

このうち、第二次松方内閣で金本位制《きんほんいせい》を確立し、辞任後も薩摩藩閥の巨頭として枢密顧問官、内大臣などを務めた正義は、大正十三年（一九二四）に病没した。九十歳であった。現在、鹿児島市交通局（市電）武之橋《たけのはし》停留場前の甲突川《こうつきがわ》右岸緑地に、正義の立像が建立されている。

なお、甲突川沿いには正義を含め、明治の元勲の生誕地が点在する。

【駅前の銅像・石像】松方正義＝鹿児島市交通局（市電）1系統武之橋停留場前・甲突川右岸緑地（鹿児島市）。

日露戦争で活躍した西郷隆盛の従弟

大山巌

【おおやまいわお】生没年＝一八四二～一九一六

明治時代の陸軍軍人（陸軍大将、元帥）。日本陸軍建軍の功労者の一人。西郷隆盛《たかもり》・従道《つぐみち》兄弟の従兄弟。幼名、通称は岩次郎《いわじろう》、弥助《やすけ》。天保十三年（一八四二）に薩摩藩（鹿児島市）の藩士・大山綱昌《つなまさ》の次男として鹿児島城下で生まれた。明治元年（慶応四年／一八六八）の戊辰戦争に出征し、維新後は陸軍の薩摩藩閥《はんばつ》の巨頭として君臨する。次いで、同十三年に陸軍卿《きょう》、同十八年に初代陸軍大臣となり、六代の内閣で陸軍大臣を務めた。また、同二十七年の日清戦争で第二軍司令官となり、同三十二年に参謀総長に就任する。

同三十七年からの日露戦争では満州《まんしゅう》軍総司令官として奉天大会戦《ほうてんだいかいせん》で敵方を圧倒し、日本を勝利へ導いた。最晩年の大正三年（一九一四）から内大臣として大正天皇に近侍した巌は、同五年に

大山巌（東京メトロ東西線ほか九段下駅前・九段坂公園）

大山巌（鹿児島市交通局〔市電〕2系統加治屋町停留場前）

七十五歳で病没する。現在、東京メトロなどの九段下駅（東京都千代田区）の駅前に当たる九段坂公園に、巌の見事な銅像（騎馬像／彫刻家・新海竹太郎制作）がある。なお、かつてこの銅像は国会議事堂の前庭にあった。一方、生家跡に近い鹿児島市交通局（市電）加治屋《かじや》町停留場前に巌、従道、山本権兵衛《ごんべえ》の三人の銅像がある。この加治屋町停留場前のものは文久三年（一八六三）の薩英《さつえい》戦争の開戦前後の三人の姿をモチーフとした立像で、維新前であるため三人は頭に丁髷を結い、腰に刀を差している。

【駅前の銅像・石像】大山巌＝東京メトロ東西線・都営地下鉄新宿線ほか九段下駅前・九段坂公園（東京都千代田区）。大山巌・西郷従道・山本権兵衛＝鹿児島市交通局（市電）2系統加治屋町停留場前（鹿児島市）。

旅順攻防戦で苦闘した陸軍の闘将

乃木希典

【のぎまれすけ】生没年＝一八四九〜一九一二

明治時代の陸軍軍人（陸軍大将）。幼名は無人《なきと》、通称は源三《げんぞう》、文蔵《ぶんぞう》、諱（実名）は頼時《よりとき》、号は静堂《せいどう》などで、源姓も名乗っている。嘉永《かえい》二年（一八四九）に長門長府藩《ながとちょうふ》（山口県下関市）の藩士・乃木希次《まれつぐ》の子として同藩江戸藩邸（現在の毛利《もうり》庭園／東京都港区）で生まれる。維新後、新政府の陸軍軍人となり、明治十年（一八七七）の西南戦争に第十四連隊長心得、同二十七年からの日清戦争には歩兵第一旅団長《りょだんちょう》として出征した。同三十七年からの日露戦争では第三軍司令官となるが、旅順要塞《りょじゅんようさい》攻防戦では「二〇三高地」などで苦闘の末、同要塞を陥落させている。晩年の同四十年には学習院の院長となり、裕仁《ひろひと》親王（昭和天皇）の教育に関与した。明治天皇の大喪《たいそう》が行なわれた大正元年（一九一二）九月十三日の夜、希典（六十四歳）と妻・静子（五十四歳）は自刃

辻占売りの少年（左）と乃木希典（右／東京メトロ千代田線乃木坂駅前・旧乃木邸）

する。夫妻のこの自刃＝殉死は、各方面へ大きな衝撃を与えた。

各地の銅像のうち、東京メトロ乃木坂駅前の旧乃木邸の希典と少年の立像は金沢市の連隊に勤務時代、辻《つじ》占《うら》売《う》りの少年を励ましたという逸話がモチーフで、かつては生誕地である現在の毛利庭園にあった。また、旧乃木邸には希典の頭部のレリーフを嵌め込んだ顕彰碑もある。他に、下関市の乃木神社に希典（立像）・静子（坐像）夫妻、栃木県那須《なす》塩原市の乃木神社に希典の立像が建立されている。

【駅前の銅像・石像】乃木希典・少年、顕彰碑（レリーフ）＝東京メトロ千代田線乃木坂駅前・旧乃木邸（東京都港区）。

【関連した銅像・石像】乃木希典・静子＝乃木神社（下関市）。乃木希典＝乃木神社・乃木公園（那須塩原市）。

上野公園では隆盛の隣人の皇族

小松宮彰仁親王【こまつのみやあきひとしんのう】

生没年＝一八四六～一九〇三

明治時代の皇族、陸軍軍人（陸軍大将、元帥）。幼名は豊宮《とよのみや》、法諱《ほうい》（僧侶としての実名）は純仁《すみひと》、諱（実名）ははじめ嘉彰《よしあきら》、宮号は仁和寺宮《にんなじのみや》とも。弘化《こうか》三年（一八四六）に伏見宮邦家親王《ふしみのみやくにいえ》の子として京都で生まれ、出家後に仁和寺《にんなじ》（京都市右京区）に入る。維新期に復飾《ふくしょく》し、新政府の軍事総裁、兵部卿《ひょうぶきょう》などを経て明治七年（一八七四）の佐賀の乱、同十年の西南戦争などに出征した。同十五年には諱を嘉彰から彰仁に改め、小松宮と称している。陸軍大将に昇進していた同二十七年の日清戦争では征清大総督《せいせいだいそうとく》を務め、同三十一年に元帥となっている。この間、日本赤十字社初代総裁など、社会事業を中心とした多くの団体の最高幹部を務めたが、同三十六年に薨去《こうきょ》（病没）した。五十八歳であった。現在、JRなどの駅前に当たる上野公園（東京都台東区）には、軍服

小松宮彰仁親王（ＪＲ東北新幹線ほか上野駅前・上野公園）

を着て愛馬に跨がる彰仁親王の見事な騎馬像（大熊氏廣《うじひろ》制作）がある。この銅像は北の丸公園（同千代田区）の北白川宮《きたしらかわのみや》能久《よしひさ》親王（新海竹太郎制作）、有栖川宮《ありすがわのみや》記念公園（同港区）の有栖川宮熾仁《たるひと》親王（大熊氏廣制作）の銅像と共に、軍服を着た皇族の騎馬像としては出色《しゅっしょく》の出来という評価が高い。

ちなみに、彰仁親王は西南戦争にも出征しているので、上野公園に銅像がある西郷隆盛とは、明治十年当時は敵、味方に分かれて戦っていたことになる。首都のターミナル駅の駅前に、敵、味方双方の将の銅像が建立されている事例は、世界的にみて稀《まれ》である。

【駅前の銅像・石像】小松宮彰仁親王＝ＪＲ東北新幹線・東京メトロ銀座線ほか上野駅前、京成本線京成上野駅前・上野公園（東京都台東区）。

元老として重きをなした隆盛の弟

西郷従道

【さいごうつぐみち（じゅうどう）】生没年＝一八四三～一九〇二

幕末期の薩摩藩（鹿児島市）の藩士、明治時代の陸軍軍人（陸軍中将）、海軍軍人（海軍大将、元帥《げんすい》）、政治家。西郷隆盛（「大西郷」）の弟、大山巌の従弟で、「小西郷」の異名がある。幼名は龍助《りゅうすけ》、号は隆庵《りゅうあん》、諱（実名）ははじめ隆興《たかおき》。

天保十四年（一八四三）に薩摩藩士・西郷吉兵衛《きちべえ》の三男として生まれ、明治元年（慶応四年／一八六八）の戊辰戦争では戦傷を負う。維新後、当初は新政府の陸軍へ入って同七年の台湾出兵で軍功をあげ、同十年の西南戦争でも兄に加担しなかった。

次いで、陸軍卿（大臣）などを歴任後、同十八年に第一次伊藤博文内閣の初代海軍大臣に転じ、同三十三年まで複数の内閣で海軍大臣を務め、内務大臣に就任したこともあった。晩年、元帥、

西郷従道（鹿児島市交通局〔市電〕2系統加治屋町停留場前）

元老に抜擢された従道は、同三十五年に病没した。六十歳であった。

なお、東京の従道の自邸（国重要文化財）は博物館明治村（愛知県犬山市）へ移築、保存されている。

現在、生家跡に近い鹿児島市交通局（市電）加治屋町停留場前に大山巌、従道、山本権兵衛の三人の銅像がある。この銅像は文久三年（一八六三）の薩《さつ》英《えい》戦争の開戦前後の三人の姿をモチーフとした立像で、維新前であるため三人は頭に丁髷を結い、腰に刀を差している。ちなみに、上野公園（JR上野駅前／東京都台東区）の兄の銅像は、実は従道をモデルとしているという（「西郷隆盛」の項参照）。

【駅前の銅像・石像】西郷従道・大山巌・山本権兵衛＝鹿児島市交通局（市電）2系統加治屋町停留場前（鹿児島市）。西郷隆盛＝JR東北新幹線・東京メトロ銀座線ほか上野駅前、京成本線京成上野駅前・上野公園（東京都台東区）。

国有化を実現させた「日本鉄道の父」

井上 勝

【いのうえまさる】 生没年＝一八四三～一九一〇

明治時代の鉄道官僚。明治五年（一八七二）の新橋駅～横浜駅間の鉄道を開業させ、明治時代の私鉄の鉄道国有化の方針を立案したため、「日本鉄道の父」と呼ばれている。天保十四年（一八四三）に長州藩（山口県萩市）の藩士・井上勝行《かつゆき》の子として生まれた。文久三年（一八六三）に伊藤博文らとイギリスへ留学し、勝は鉱山学、土木工学を学ぶ。帰国後、新政府に出仕し、明治四年に鉱山頭《こうざんのかみ》兼鉄道頭《てつどうのかみ》、同五年に鉄道頭専任、同十年に鉄道局長、同二十三年に鉄道庁長官など、鉄道関係の要職を歴任する。

この間、進んで敷設現場へ赴き関係者を激励した勝の業績としては、①新橋駅～横浜駅間の鉄道敷設、②東京駅～神戸駅間の鉄道敷設、③私鉄十七社の国有化の方針立案、④国産機関車の開

井上勝（撤去中／ＪＲ東海道新幹線ほか東京駅前）

発促進、などがあげられよう。

このうち、②に関しては当時の土木工事、鉄道の技術水準に鑑み、中山道《なかせんどう》ルート（現在のＪＲ中央本線）に疑問を抱き、東海道ルート（現在のＪＲ東海道本線）を強く主張し、敷設を成功させている。また、極力、日本人だけでの敷設を試みた点も評価すべきであろう。

晩年も鉄道に熱意を傾けていた勝は、視察先のロンドンで同四十三年、六十八歳で病没した。

のちに、鉄道に多大な功績を残した勝を顕彰するべく、東京駅の丸の内口に背広姿の銅像（立像）が建立された。この銅像は長く乗降客を見守っていたが、現在は、整備工事に伴い撤去されている。ただし、幸いなことに勝の銅像は東京駅頭へ戻って来る予定であるという。

【駅前の銅像・石像】井上勝（撤去中）＝ＪＲ東海道新幹線・東京メトロ丸ノ内線ほか東京駅前（東京都千代田区）。

教育、柔道、五輪の三分野で活躍した偉人

嘉納治五郎

【かのうじごろう】生没年＝一八六〇～一九三八

明治時代～昭和時代の教育者、柔道家。ＩＯＣ（国際オリンピック委員会）委員として日本人のオリンピック参加を実現させた功績でも知られている。万延《まんえん》元年（一八六〇）に廻船《かいせん》業者・嘉納治郎作《じろさく》の三男として摂津御影《せっつみかげ》村（神戸市東灘区）で生まれた。明治十四年（一八八一）、東京大学文学部を卒業し、学習院教頭、第一高等中学校（東京大学教養学部の前身）校長、東京高等師範学校（筑波大学の前身）校長などの要職を歴任する。

その一方で治五郎は、天神真楊流《てんじんしんようりゅう》柔術、起倒流《きとうりゅう》柔術を基礎としつつ、新しい武道・柔道を創始し、同十五年には講道館《こうどうかん》を開いて普及と発展に努めた功績でも知られている。

さらに、同四十二年にはＩＯＣ委員となり、同四十五年のオリンピック・ストックホルム大会

嘉納治五郎（都営地下鉄三田線ほか春日駅前・講道館）

への日本人選手の派遣を実現させた。さらに、昭和十五年（一九四〇）の夏季の東京大会、冬季の札幌大会（以上、のちに返上）誘致に成功するが、同十三年に帰国途上の船内で病没した。七十九歳であった。治五郎の没後、その業績を顕彰するべく、講道館に彫刻家・朝倉文夫制作の立像が建立されたが、戦時中に供出となった。

その後、関係者の尽力により同三十五年に都営地下鉄春日駅などの駅前に当たる講道館に立像が再建され、その前後には占春園《せんしゅんえん》（筑波大学附属小学校）などへも治五郎の立像が建立されている。

【駅前の銅像・石像】嘉納治五郎＝都営地下鉄三田線ほか春日駅前、東京メトロ丸ノ内線ほか後楽園駅前・講道館（東京都文京区）。

【関連した銅像・石像】嘉納治五郎＝占春園（東京都文京区）、筑波大学（茨城県つくば市）。

旧千円札の日本銀行券で有名な江戸ッ子文豪

夏目漱石

【なつめそうせき】生没年＝一八六七～一九一六

明治時代～大正時代の作家、英語学者。本名は金之助《きんのすけ》。慶応三年（一八六七）に町方名主《まちかたなぬし》・夏目小兵衛《こへえ》の五男（末子）として江戸で生まれた。帝国大学文科大学（のちの東京帝国大学／東京大学文学部の前身）英文科を卒業後の明治二十八年（一八九五）、松山市の愛媛県尋常松山中学（県立松山東高校の前身）の英語教師となった頃から、正岡子規《まさおかしき》の指導で俳句の創作に励むが、翌年、熊本市の第五高等学校（熊本大学の前身）の講師（のち教授）に転じた。

次いで、東京帝国大学の講師、朝日新聞社入社を経て専業の作家となる。小説では『吾輩《わがはい》は猫である』や、松山中学時代を題材とした『坊っちゃん』が有名だが、文筆で身を立てることを決意するなど、熊本は漱石にとって思い出深い地と考えられている。そんな漱石は『明暗』を執筆

夏目漱石（ＪＲ鹿児島本線ほか上熊本駅前）

中の大正五年（一九一六）、五十歳で病没した。なお、ＪＲ上熊本駅（熊本市西区）は、かつて、路線名、駅名を九州鉄道池田駅といった。現在、漱石が降り立った姿を再現した立像が、ＪＲ、熊本電鉄上熊本駅前に建立されている。他に、晩年を過ごした漱石山房の跡地・漱石公園（東京都新宿区）に胸像、子規堂に頭像、道後温泉本館（以上、松山市）に胸像、熊本大学黒髪キャンパス（熊本市中央区）に坐像がある。

【駅前の銅像・石像】夏目漱石＝ＪＲ鹿児島本線・熊本電鉄菊池線上熊本駅前、熊本市交通局（市電）上熊本線上熊本駅前停留場前（熊本市西区）。

【関連した銅像・石像】夏目漱石＝漱石公園（東京都新宿区）、子規堂、道後温泉本館（以上、松山市）、熊本大学黒髪キャンパス（熊本市中央区）。

『源氏物語』の解釈にも挑んだ女流歌人

与謝野晶子

【よさのあきこ】 生没年＝一八七八〜一九四二

明治時代〜昭和時代の女流歌人。本名は志《し》よう、旧姓は鳳《ほう》。明治十一年（一八七八）に当時の堺県甲斐《かいの》町（大阪府堺市堺区）の菓子商・鳳宗七《そうしち》（駿河《するが》屋）の三女として生まれた。女学校時代から古典文学に関心を持ち、地元の文学会に参加して詩歌の創作をはじめる。同三十三年からは歌人・与謝野鉄幹《てっかん》が編集していた『明星《みょうじょう》』に和歌を発表するようになり、短期間で同誌の中心的歌人の地位を得た。鉄幹と恋に落ち、同三十四年には妻と別れた鉄幹と結婚し、最初の歌集『みだれ髪』で人間の官能解放をうたって注目される。また、同三十七年には詩『君死にたまふことなかれ』を発表して反戦の立場を表明したが、明治四十二年頃からは『源氏物語』や『栄華《えいが》物語』の解釈に取り組むようになり、全訳等の業績も残すが、昭和十七年（一九四二）に病没した。六

阪堺電気軌道阪堺線の与謝野晶子生家跡付近の専用軌道（堺市堺区）

与謝野晶子（南海本線堺駅前）

十五歳であった。

現在、郷里である南海堺駅前に晶子の銅像が、堺市立女性センターに彫刻像が建立されている。二つの像はいずれも立像だが、堺駅前のものは和服を着て手に筆と短冊を持ち、堺市立女性センターの像は裾の長いドレスに鍔《つば》の広い帽子を被っている。なお、生家跡は阪堺《はんかい》電気軌道阪堺線の宿《しゅく》院《いん》停留場と大小路《おおしょうじ》停留場の中間に当たり、生家跡そのものは専用軌道、府道（大道筋）などとなっており、歩道に歌碑等がある。

歌碑には、「海こひし　潮の遠鳴り　かぞへつつ　少女《をとめ》となりし父母の家　晶子」の和歌が刻まれている。

【駅前の銅像・石像】与謝野晶子＝南海本線堺駅前（堺市堺区）。

【関連した銅像・石像】与謝野晶子＝堺市立女性センター（堺市堺区）。

＊歌集『恋衣』では、「かぞへつつ」が「かぞへては」となっている。

海軍の近代化に取り組んだ切れ者

山本権兵衛

【やまもとごんべえ】生没年＝一八五二〜一九三三

明治時代〜昭和時代の海軍軍人（海軍大将）、政治家。関東大震災直後に組閣して復興に当たったことで知られている。嘉永五年（一八五二）に薩摩藩（鹿児島市）の藩士・山本五百助《いおすけ》の三男として生まれた。明治七年（一八七四）に海軍兵学寮《へいがくりょう》（海軍兵学校の前身）を卒業し、海軍省主事となって海軍大臣・西郷従道（「西郷従道」の項参照）を補佐したが、従道に代わって海軍の近代化の分野で大鉈《おおなた》をふるい、「権兵衛大臣」の異名を得ている。同三十七年からの日露戦争では海軍大臣として戦争遂行に貢献した。

大正二年（一九一三）、組閣（第一次山本権兵衛内閣）して行財政改革などを実現させたが、同三年のシーメンス（海軍汚職）事件で辞職する。関東大震災の翌日の同十二年九月二日にも組閣

山本権兵衛（鹿児島市交通局〔市電〕２系統加治屋町停留場前）

（第二次山本内閣）し、復興院総裁・後藤新平《しんぺい》（「後藤新平」の項参照）らと東京復興に尽力した。ところが、皇太子（昭和天皇）の狙撃事件（虎ノ門事件）の発生で、わずか三カ月で総辞職している。

以後も発言権を保持し続けた権兵衛は、昭和八年（一九三三）に病没した。八十二歳であった。

現在、生家跡にも近い鹿児島市交通局（市電）加治屋町停留場前に大山巖、西郷従道、権兵衛の三人の銅像がある。この銅像は文久三年（一八六三）の薩英戦争の開戦前後の三人の姿をモチーフとした立像で、維新前であるため三人は頭に丁髷を結い、腰に刀を差している。中でも、当時十一歳の権兵衛は、体が小さい前髪姿の少年として制作されている。

【駅前の銅像・石像】 山本権兵衛・大山巌・西郷従道＝鹿児島市交通局（市電）２系統加治屋町停留場前（鹿児島市）。

第七章　大正・昭和時代の人物

関東大震災からの復興を担った政治家

後藤新平

【ごとうしんぺい】生没年＝一八五七～一九二九

明治時代～昭和時代の医師、官僚、政治家。安政《あんせい》四年（一八五七）に陸奥《むつ》水沢領（岩手県奥州《おうしゅう》市）主・留守《るす》家の家臣である後藤実崇《さねたか》の嫡子として水沢領で生まれる。成人後は愛知県で医師として活動し、明治十五年（一八八二）には暴漢に襲われた板垣退助《たいすけ》を治療した（「板垣退助」の項参照）。次いで、内務省衛生局（厚生労働省の前身）の局長として衛生行政に足跡を残す。

さらに、同三十九年には南満州《みなみまんしゅう》鉄道（満鉄）総裁、同四十一年には第二次桂太郎内閣の逓信《ていしん》大臣兼鉄道院総裁、大正元年（一九一二）に第三次桂内閣の逓信大臣兼鉄道院総裁を歴任した。同十二年の関東大震災の翌日、第二次山本権兵衛内閣の内務大臣兼復興院総裁に抜擢され、甚大な被害を受けた帝都・東京の復興に尽力している。

後藤新平（中央／ＪＲ東北新幹線水沢江刺駅前）

なお、新平は第二次桂内閣の鉄道院総裁時代、官設鉄道の広軌（標準軌）改造計画に熱意を傾けていたが、内閣総辞職により広軌改造計画は実現していない。

一方で、新平は早川徳次《のりつぐ》の東京地下鉄道に理解を示していたという（「早川徳次」の項参照）。

その新平は昭和四年（一九二九）に病没した。七十三歳であった。郷里の奥州市には新平の銅像がＪＲ水沢江刺《えさし》駅前に一体、水沢公園に二体建立されている。このうち、水沢公園の一体は背広姿の立像である。残る二体の立像はボーイスカウトの制服姿だが、これは新平が少年団（ボーイスカウト）日本連盟の初代総裁を務めた史実に基づいている。

【駅前の銅像・石像】 後藤新平＝ＪＲ東北新幹線水沢江刺駅前（奥州市）。

【関連した銅像・石像】 後藤新平＝水沢公園（二体／奥州市）。

大阪市長を務めた秋篠宮妃紀子さまの曾祖父

池上四郎

【いけがみしろう】生没年＝一八五七〜一九二九

明治時代の内務官僚、大阪市長。秋篠宮妃紀子《あきしののみやひきこ》さまの父方の曾祖父。なお、薩摩《さつま》藩（鹿児島市）の藩士・池上四郎《いけのうえ》（一八四二〜七七）とは別人である。陸奥会津《むつあいづ》藩（福島県会津地方）出身の池上四郎は、安政四年（一八五七）に藩士・池上武輔《ぶすけ》の四男として会津若松城（鶴ケ城）下で生まれた。維新後、警視庁の巡査から栄進し、明治三十三年（一九〇〇）に大阪府警務部長に就任する。以後、防犯などで実績を残して認められ、大正二年（一九一三）には異例にも大阪市長に抜擢された。就任後、方面委員（民生委員の前身）を創設した大阪府知事・林市蔵《いちぞう》（「林市蔵」の項参照）と連絡を密にすると共に、経済学者・関一《はじめ》（のち大阪市長）を大阪市助役に迎え、徹底した支出の削減、不採算事業の中止、人員削減などの分野で大鉈《おおなた》をふるう。その一方で、路面電車

池上四郎（ＪＲ大阪環状線ほか天王寺駅前・天王寺公園）

（市電）の路線延長などのインフラの整備、託児所、児童相談所の増設などの社会福祉事業には予算を惜しまなかった。同十二年に大阪市長を退任し、昭和四年（一九二九）に病没した。七十三歳であった。同十年、現在のＪＲ天王寺駅の駅前に当たる天王寺公園（大阪市天王寺区）に四郎の銅像が建立されたが戦時中に供出となり、同三十四年に同公園へ見事な銅像（立像）が再建され、現在にいたっている。なお、紀子さまの父方の祖母・川嶋紀子《いとこ》は四郎の六女であるので、四郎は紀子さまの父方の曾祖父に当たるが、四郎・紀子父娘が、大阪を訪問された香淳《こうじゅん》皇后（秋篠宮さまの内祖母）の接待を担当したことがあるという。

【駅前の銅像・石像】 池上四郎＝ＪＲ大阪環状線・大阪市営地下鉄御堂筋《みどうすじ》線ほか天王寺駅前、阪堺電気軌道上町線天王寺駅前停留場前・天王寺公園（大阪市天王寺区）。関一＝京阪中之島線なにわ橋駅前・大阪市立東洋陶磁美術館（大阪市北区）。

十和田湖での養魚を成功させた努力の人

和井内貞行

【わいないさだゆき】生没年＝一八五八〜一九二二

明治時代〜大正時代の養魚事業家。十和田湖《とわだ》における養魚事業、観光開発の先駆者として知られている。安政五年（一八五八）に和井内貞明《さだあき》の長男として陸奥《むつ》毛馬内郷《けまないごう》柏崎《かしわざき》（秋田県鹿角《かづの》市）で生まれた。成人後、工部省小坂《こさか》鉱山寮（同県小坂町）に奉職したが、同鉱山の藤田組への払下げに伴って藤田組社員に転じる。ところで、同鉱山に近い十和田湖（小坂町、青森県十和田市）は約六一平方キロを誇るが、当時、魚類は一切生息していなかった。このため、小坂鉱山やその周辺に起居する約二千人の関係者は、魚類が手に入らず、食生活の面では苦渋を強いられていたという。こういった食生活を少しでも改善しようと、貞行は十和田湖での養魚を思い立つ。明治十七年（一八八四）、コイ六百匹を十和田湖へ放流するものの、養魚事業は失敗続きであった。そ

和井内貞行（ＪＲ花輪線十和田南駅前）

れでも養魚事業の継続に熱意を傾け、同三十五年には支笏《しこつ》湖（北海道千歳《ちとせ》市）産のヒメマスの卵を購入し、それを人工孵化場《ふかじょう》で孵化させた上で十和田湖へ放流する。そして、苦心惨憺《さんたん》の末、同三十八年にようやく放流したヒメマスが成魚となって回帰《かいき》したことが確認された。このようにして養魚事業を軌道に乗せた貞行は、旅館・観湖楼《かんころう》の経営、国立公園への編入運動など、十和田湖の観光開発、自然保護の面でも足跡を残す。そんな貞行は大正十一年（一九二二）に病没した。六十五歳であった。現在、小坂町には事代主命《ことしろぬしのみこと》、貞行・カツ子夫妻を祀《まつ》る和井内神社があり、ＪＲ花輪《はなわ》線十和田南駅前（鹿角市）には貞行の銅像（胸像）が建立されている。

なお、小坂鉱山から秋田県大館《おおだて》市の間には藤田組が敷設《ふせつ》した小坂製錬小坂線、長木沢《ながきさわ》支線（合計約二六・一キロ）があったが、平成二十一年までに廃止となった。

【駅前の銅像・石像】和井内貞行＝ＪＲ花輪線十和田南駅前（鹿角市）。

晩年まで女寅《めとら》と呼ばれた明治の名女形

六世市川門之助【ろくせいいちかわもんのすけ】

生没年＝一八六二〜一九一四

明治時代の歌舞伎俳優。九世市川団十郎《だんじゅうろう》、五世尾上菊五郎《おのえきくごろう》、初代市川左団次《さだんじ》らによる団菊《だんぎく》時代、あるいは団菊左《だんぎくさ》の時代に活躍した、演劇史に残る名女形《めいおやま》である。本名は荒川清太郎、屋号は滝野屋《たきのや》（滝乃屋）、前名は坂東秀之助《ばんどうひでのすけ》、嵐鱗枝《あらしりんし》、市川福之丞《ふくのじょう》、二世市川女寅《めとら》、俳号は新車《しんしゃ》で、六世市川門之助を襲名して以降も歌舞伎通からは女寅さん、女寅閣下と呼ばれていた。

文久《ぶんきゅう》二年（一八六二）に出雲揖屋《いずもいや》村（松江市）で生まれ、慶応三年（一八六七）頃から村芝居、旅芝居に出演する。のちに、大阪歌舞伎の市川右団次《うだんじ》の門人となり、明治十八年（一八八五）には江戸（東京）歌舞伎の九世市川団十郎の門人となった。

二世市川女寅を襲名した同二十一年に『武蔵鐙誉大久保《むさしあぶみほまれのおおくぼ》』（市村座）の娘おうの、同二十三年に

六世市川門之助（ＪＲ山陰本線揖屋駅前）

『相馬平氏《そうまへいし》二代譚《にだいのものがたり》』（歌舞伎座）の遊女岩崎などを演じて評判を得る。以後、東京と大阪とで演じたが、『大森彦七』の千草《ちぐさ》姫、『鏡山旧錦絵《かがみやまこきょうのにしきえ》』の尾上《おのえ》など、特に時代物の武家の姫役、奥女中役、商家の娘役などに定評があった。一説に、国訛《くになま》りが終生抜けなかったというが、修行を重ねて明治時代を代表する名女形となり、同四十三年に江戸時代初期から続く名跡《みょうせき》・市川門之助を襲名している。子に三世市川左団次がおり、門人に二世市川照蔵《てるぞう》らがいた門之助は、大正三年（一九一四）に病没した。五十三歳であった。

現在、生誕地の最寄駅であるＪＲ揖屋駅前には女形の衣装を着た女寅こと門之助の銅像（立像）がある。この銅像における門之助は膝をほんの少し曲げ、顔を右へ向けているが、生前の門之助の名演が偲ばれる優れた出来栄えである。

【駅前の銅像・石像】六世市川門之助＝ＪＲ山陰本線揖屋駅前（松江市）。

民生委員制度を創設した大阪府知事

林 市蔵

【はやしいちぞう】生没年＝一八六七〜一九五二

明治時代〜昭和時代の官僚、銀行家。大正六年（一九一七）十二月から同九年二月まで大阪府知事（第十五代）を務め、同七年に方面委員制度（民生委員制度の前身）を創設したことで名高い。市蔵は慶応三年（一八六七）に肥後《ひご》熊本藩（熊本市）の藩士・林慎蔵《しんぞう》の長男として出生したが、五歳の時に父が病没したため、苦学の末に帝国大学法科大学（東京大学法学部の前身）へ進む。卒業後は拓殖《たくしょく》務省を経て内務省（総務省の前身）へ奉職し、三重県知事、山口県知事、大阪府知事、日本信託銀行頭取などを歴任した。

この間の大正七年、社会福祉の充実を目指して方面委員制度を創設するが、市蔵は府に救済課をもうけてこれを支援することも怠《おこた》っていない。そんな市蔵は昭和二十七年（一九五二）に八十

林市蔵（京阪本線ほか淀屋橋駅前）

林市蔵（熊本市中央区・熊本城三角公園）

四歳で病没した。現在、京阪・大阪市営地下鉄などの淀屋橋《よどやばし》駅前の土佐堀川河畔に建立されている銅像は、和服を着た市蔵がほんの少し首を傾けるという慈愛に満ちた表情の坐像である。

これは——同地の理髪店の鏡に、幼子《おさなご》を連れて新聞を売り歩く女性の姿が映った。理髪店主から病気の夫を持つその女性の境遇を耳にした市蔵は、対策の必要性を痛感して方面委員を創設した——という逸話をモチーフとして制作されたものである。なお、郷里・熊本の熊本城三角公園（熊本市中央区）にも、市蔵の和服姿の銅像（胸像）が建立されている。

【駅前の銅像・石像】林市蔵＝大阪市営地下鉄御堂筋線・京阪本線淀屋橋駅前（大阪市中央区）。

【関連した銅像・石像】林市蔵＝熊本城前・三角公園（熊本市中央区）。

細菌学で名声を博した稀代の努力家

野口英世【のぐちひでよ】

生没年＝一八七六～一九二八

明治時代～昭和時代の細菌学者。左手の大火傷《おおやけど》を克服して世界的な学者になった立志伝中の人物。名ははじめ清作。明治九年（一八七六）に福島県三ツ和村（福島県猪苗代《いなわしろ》町）で野口佐代《さよ》助《すけ》・シカ夫妻の長男として生まれる。幼少時代に囲炉裏《いろり》へ落ちて左手を大火傷したが、それを克服して東京の済生学舎《さいせいがくしゃ》（日本医科大学の前身）で学び、医師資格を取得した。この間、シカと教育者・小林栄から精神的支援を、歯科医・血脇守之助《ちわきもりのすけ》から金銭的支援を受けている。

同三十三年の渡米後は毒蛇《どくじゃ》の研究で業績を残し、同三十七年からロックフェラー研究所研究員として細菌研究に没頭した。以後、脊髄癆《せきずいろう》の原因が梅毒スピロヘータであることを突き止めるなど、幾多の研究で業績を残して世界的な名声を得る。しかし、昭和二年（一九二七）に黄熱病《おうねつびょう》の

野口英世（ＪＲ東北新幹線ほか上野駅前・上野公園）

研究のためにガーナへ赴くものの、翌年過って罹患《りかん》し、病死した。五十三歳であった。現在、生家が保存されている野口英世記念館には英世、シカ、栄の銅像が、ＪＲ猪苗代駅前に三人のレリーフを嵌め込んだ記念碑が建立されている。さらに、ＪＲなどの上野駅前に当たる上野公園には、試験管を手に持つ英世の立像（吉田三郎制作）がある。

【駅前の銅像・石像】野口英世＝ＪＲ東北新幹線・東京メトロ銀座線ほか上野駅前、京成本線京成上野駅前・上野公園（東京都台東区）。記念碑（野口英世・同シカ・小林栄／レリーフ）＝ＪＲ磐越西線猪苗代駅前（猪苗代町）。

【関連した銅像・石像】野口英世（胸像）＝翁島《おきなじま》小学校（猪苗代町）、野口英世青春広場（福島県会津若松市）／ほか。野口英世（三体）・同シカ・小林栄＝野口英世記念館（猪苗代町）。

銀座線をつくった「日本の地下鉄の父」

早川徳次

【はやかわのりつぐ】生没年＝一八八一～一九四二

大正時代～昭和時代の実業家、わが国最初の地下鉄・東京地下鉄道（東京メトロ銀座線の前身）の創設者の一人で、「日本の地下鉄の父」の異名を得ている。なお、シャープペンシルを発明した実業家・早川徳次《とくじ》（一八九三～一九八〇）は別人である。

東京地下鉄道の早川徳次は明治十四年（一八八一）に村長・早川常富《つねとみ》の子として山梨県御代咲《みよさき》村（山梨県笛吹《ふえふき》市）で生まれ、南満州鉄道（満鉄《まんてつ》）、鉄道院を経て、高野《こうや》登山鉄道の支配人を務めた。大正九年（一九二〇）、新たなる交通手段を確保するべく、後藤新平（「後藤新平」の項参照）らの支援を得て東京地下鉄道を設立し、常務となる。

次いで、昭和二年（一九二七）に上野駅～浅草駅（以上、東京都台東区）間の路線を開業させ、

早川徳次（東京メトロ東西線葛西駅高架下・地下鉄博物館）

早川徳次（東京メトロ銀座線銀座駅地下・メトロプロムナード）

同九年に上野駅～新橋駅（同港区）間の路線を開業させた。東京地下鉄道は東洋初の地下鉄であったが、徳次はのちに社長に就任する。けれども、新橋駅以西の路線敷設、相互乗入れ、さらには経営権をめぐって東京横浜電鉄（東急の前身）と争うようになった。同十四年には鉄道院の調停で遂に、東京地下鉄道の経営権が東京高速鉄道（東京横浜電鉄系）へ移る。これを機に引退した徳次は、同十七年に病没した。六十二歳であった。

現在、ゆかりの東京メトロ銀座駅地下のメトロプロムナードと、東京メトロ葛西駅高架下の地下鉄博物館に徳次の銅像（胸像）があり、今日も乗降客を温かく見守っている。

【駅前の銅像・石像】 早川徳次＝東京メトロ銀座線銀座駅地下・メトロプロムナード（東京都中央区）、東京メトロ東西線葛西駅高架下・地下鉄博物館（東京都江戸川区）。

「昭和の芭蕉」と称された自然律俳句の旗手

種田山頭火

【たねださんとうか】生没年＝一八八二〜一九四〇

大正時代、昭和時代前期の俳人。戦前を代表する自由律俳句《じゆうりつはいく》の巨人。本名は正一《しょういち》。明治十五年（一八八二）に大地主の長男として現在の山口県防府《ほうふ》市で生まれる。少年時代に生母が自殺する不幸に遭遇し、早稲田大学に進学するも中退した。大正二年（一九一三）頃に俳人・荻原井泉水《おぎわらせいせんすい》の弟子となり、俳句雑誌『層雲《そううん》』に俳句を発表する。しかし、酒造業の経営に失敗したため防府を去り、同十四年に出家得度《とくど》の上で、同十五年に行乞《ぎょうこつ》（托鉢《たくはつ》）の旅に出た。それ以後、九州、山陽、四国などを放浪し続け、のちに現在の山口市小郡《おごおり》や湯田温泉、松山市などに草庵を結ぶ。なお、五・七・五の字数や、季題などにとらわれず、多くは口語を用いて表現される俳句のことを自由律俳句、もしくは短律《たんりつ》という。

種田山頭火（ＪＲ山陽新幹線ほか新山口駅前）

種田山頭火（ＪＲ山陽本線防府駅前）

ただし、山頭火が自由律俳句に没頭するようになるのは、晩年からである。そんな山頭火は昭和十五年（一九四〇）に松山市で病没した。五十九歳であった。各地の銅像のうち、ＪＲ防府駅前のものは網代笠《あじろがさ》を被った時を、ＪＲ新山口駅前のものは脱いだ時を再現した立像である。このうち、後者は昭和五年の「まったく雲がない笠をぬぎ」をモチーフとしており、台座にこの句が刻まれている。

【駅前の銅像・石像】 種田山頭火＝ＪＲ山陽本線防府駅前（防府市）、ＪＲ山陽新幹線ほか新山口駅前（山口市）。
【関連した銅像・石像】 種田山頭火＝種田又助商店（レリーフ付き句碑／防府市）、味取《みとり》観音堂（瑞泉寺《ずいせんじ》／熊本市北区）。

国民的な民謡や童謡を作詩した詩人

野口雨情

【のぐちうじょう】生没年＝一八八二～一九四五

明治時代～昭和時代の詩人。本名は英吉《えいきち》。明治十五年（一八八二）に野口量平《りょうへい》の子として茨城県磯原村《いそはらむら》（茨城県北茨城市）で生まれた。東京専門学校（早稲田大学の前身）高等予科中退後、同四十年に『朝花夜花』を発表して民謡詩人としての地位を得る。のちに、北海道での新聞記者生活、帰郷などを経て、大正八年（一九一九）に本格的に詩の創作を再開した。雨情は叙情性にあふれる作風を特徴としており、民謡、童謡、流行歌を矢継ぎ早に発表している。代表的な作品には中山晋平《しんぺい》作曲の「波浮《はぶ》の港」、本居長世《もとおりながよ》作曲の「七つの子」「赤い靴」「青い眼の人形」「雨降りお月さん」などがあるが、レコードの普及しはじめた時期に歌手・藤原義江《よしえ》らが録音したことなども手伝って、現在まで時代を超えて歌い継がれている感がある。ちなみに、雨情は昭和五年

野口雨情（ＪＲ常磐線磯原駅構内）

（一九三〇）の若桜《わかさ》線（現在の若桜鉄道）の開業時、「若桜小唄」を作詞した。他に晋平作曲の「船頭小唄」などでも世間の強い支持を得た雨情だったが、同二十年に病没する。六十四歳であった。

　現在、生誕地の最寄駅であるＪＲ磯原駅構内に雨情の胸像がある。なお、磯原駅では現在、「七つの子」が列車の発車メロディーとして使用されている。さらに、北茨城市歴史民俗資料館（野口雨情記念館）に坐像が、北茨城市役所には胸像があるが、同館は雨情関係の展示が充実している。

【駅前の銅像・石像】野口雨情＝ＪＲ常磐線磯原駅構内（北茨城市）。
【関連した銅像・石像】野口雨情＝北茨城市歴史民俗資料館（野口雨情記念館）、北茨城市役所（以上、北茨城市）。

推理（探偵）小説に生涯を捧げた作家

江戸川乱歩

【えどがわらんぽ】生没年＝一八九四～一九六五

大正時代～昭和時代の作家。本名は平井太郎。明治二十七年（一八九四）に平井繁男《しげお》の子として三重県名張《なばり》町（同名張市）で生まれた。早稲田大学政治経済学科を卒業後、貿易会社社員、新聞記者など十余の職を転々とする。この間、学生時代から関心を抱いていた探偵小説に耽溺《たんでき》するようになり、大正十二年（一九二三）に『二銭銅貨《にせんどうか》』などを発表した。

その後、『陰獣《いんじゅう》』『人間椅子』『パノラマ島奇譚《きたん》』などの多彩な作品を世に問い、作家としての地位を確かなものとする。また、昭和四年（一九二九）の『蜘蛛男《くもおとこ》』などではスリルやサスペンスに満ちた作風が熱烈な支持を得たが、戦時中に創作を止めた。

次いで、戦後は海外の推理小説の紹介、研究に専念しつつ、日本推理作家協会初代理事長とし

江戸川乱歩（近鉄大阪線名張駅前）

ても功績を残している。還暦を迎えた同二十九年、自身で資金を拠出して新人発掘のために江戸川乱歩賞を制定すると同時に、創作活動に復帰して幾多の佳作を残した。

以上のように、生涯を推理小説の発展のために捧げた感がある乱歩は、同四十年に病没した。七十歳であった。なお、乱歩が晩年を過ごした自宅は立教大学池袋キャンパス（東京都豊島区）に隣接していたが、現在は同大学大衆文化研究センターとして一般に公開されている。一方、乱歩の生誕地は近鉄名張駅西口改札から至近だが、東口改札の正面に平成二十五年、眼鏡にベレー帽という姿の乱歩の立像が建立された。ちなみに、（乗降客を出迎えるかのような）改札の真正面の銅像というのは、全国的にみても稀である。

【駅前の銅像・石像】江戸川乱歩＝近鉄大阪線名張駅前（名張市）。

話題作を次々と発表した無頼派の旗手

太宰 治【だざいおさむ】

生没年＝一九〇九～四八

昭和時代の作家。本名は津島修治《つしましゅうじ》で、辻島衆二《つじしましゅうじ》、小菅銀吉《こすげぎんきち》などの筆名も用いた。明治四十二年（一九〇九）に大地主・津島源《げん》右《え》衛門《もん》の六男として青森県金木《かなぎ》村（青森県五所川原《ごしょがわら》市）で生まれた。東京帝国大学（東京大学の前身）仏文科を中退後、小説『晩年』などを発表して作家としての地《ち》歩《ほ》を固める。戦時中も純文学の立場を堅持し、古典文学に題材を得るなどして『津軽』や『お伽《とぎ》草紙《ぞうし》』を執筆した。戦後、没落貴族を描いた『斜陽《しゃよう》』が青年層に受け入れられ、「斜陽族」の語が流行語となるにいたる。他の作品では長編の『人間失格』、短編の『走れメロス』がこれまでに多くの読者を得てきた。しかし、『グッド・バイ』を執筆中の昭和二十三年六月十三日夜から翌日にかけて、当時交際していた女性と玉川上水（東京都三鷹市）へ投身自殺した。遺体発見は六月十

太宰治（津軽鉄道線芦野公園駅前・芦野公園）

九日だが、この日は治の三十九歳の誕生日である。なお、治の生家は津島家の手を離れ、旅館・斜陽館《しゃようかん》として営業していたが、現在は五所川原市管理の太宰治記念館（斜陽館）として一般公開されている。また、津軽鉄道芦野公園駅前に当たる芦野公園には、治の立像がある。他に青森県中泊《なかどまり》町の「小説『津軽』の像記念館」に治、越野タケ（幼少時代の養育係）の銅像や胸像が複数ある。

【駅前の銅像・石像】太宰治＝津軽鉄道芦野公園駅前・芦野公園（五所川原市）。

【関連した銅像・石像】太宰治（三体）・越野タケ（二体）＝小説『津軽』の像記念館（青森県中泊町）。

おわりに

「はじめに」で少し触れたが、本書は全国の駅、停留場の駅前にある歴史上の人物、偉人の銅像（石像などを含む）をとり上げている。このため、全国の駅、停留場の駅前にある美術作品、あるいは文学、漫画、アニメの登場人物の銅像などをとり上げることが出来なかった。

けれども、それらの駅前の銅像などには美術的に高い評価を得ている名作や、子供連れの観光客が全国から押し寄せる作品群もある。そういった優れた作品については、近い将来、斯界《しかい》の第一人者の方が著作やホームページにお纏めになるものと思う。

なお、本書に挿入した写真は筆者が平成二十五年秋から同二十六年初夏までの間に主に各駅停車の列車を活用しつつ、全国の駅前で撮影したものである（註＝借用分を除く）。

このうち、ＪＲ甲府駅前の武田信玄の銅像、ＪＲ博多駅前の母里太兵衛の銅像は前夜に現況を再確認した上で、当日、デジタルカメラ、三脚、脚立を用意して日の出を待った。信玄や太兵衛は抜群の人気を誇る名将、名臣であるからか、両像の前には（筆者の他にも）早朝から撮影機器を構えている方がいたのには驚かされた。また、太兵衛の銅像の横が工事現場で、大きなクレーンが早朝から音もなく稼働していたことも記憶している。

JR東京駅前の井上勝の銅像、JR大分駅前の大友宗麟の銅像は駅前の再開発などの理由により、今回は写真撮影が出来なかった。近い将来、これらの銅像は旧地へ再建立される予定であるというが、再建立の際はすぐにでも「逢いに行きたい」と考えている。

さらに、九州の撮影は初夏に行なったが、JR日豊《にっぽう》本線大神《おおが》駅付近の車窓からみた一面の新緑、JR肥薩《ひさつ》線の車窓からみた球磨川《くまがわ》の深緑の水面などは筆舌に尽くし難い絶景であった。

ちなみに、JR隼人《はやと》駅では一瞬ではあったが、寝台列車「ななつ星in九州」をみることも出来た。以上のような絶景、出来事を、恐らく生涯忘れることはないであろう。

読者の皆さんも全国各地の銅像をお訪ねになったならば、思わぬ絶景、出来事に遭遇することがあるかも知れない。本書を手に、是非、旅に出発して頂きたいと思う。

筆者

〔凡例〕

- 本文で触れた銅像、石像だけでなく、他の材質の像やレリーフ、コラムでとり上げた銅像、石像、仏像などもとり上げた。
- 複数の会社、路線が乗り入れている場合は、ＪＲなどの主要な会社名、路線名のみを記した。なお、路線名等は、一般に流布している通称、愛称を用いた場合もある。
- □印は当該の駅が複数の自治体に跨がることを示す。
- △印は平成26年8月現在、駅前再開発等の理由により一事撤去中であること示す。
- [地]印は地下鉄、[路]印は路面電車であることを示す。また、[レ]印はレリーフ、もしくは記念碑に嵌め込まれたレリーフ、陰刻の石碑等であることを示す。

自治体名	銅像・石像名	路線名	駅名・備考
	【北海道】		
北海道　札幌市	黒田清隆	[地]東西線	西11丁目駅
	ケプロン	[地]東西線	西11丁目駅
函館市	高田屋嘉兵衛	[路]宝来・谷地頭線	宝来町停留場
	【東北】		
青森県五所川原市	太宰　治	津軽鉄道	芦野公園駅
岩手県　奥州市	後藤新平	JR東北新幹線	水沢江刺駅
一関市	大槻玄沢・磐渓・文彦	JR東北新幹線	一ノ関駅
宮城県　大崎市	伊達政宗	JR陸羽東線	有備館駅
仙台市	林　子平	[地]南北線	勾当台公園駅
秋田県　大館市	忠犬ハチ公①	JR羽越本線	大館駅
	同②	同	同
鹿角市	和井内貞行	JR花輪線	十和田南駅
山形県　遊佐町	佐藤政養	JR羽越本線	吹浦駅
福島県　福島市	松尾芭蕉・河合曾良	JR東北新幹線	福島駅
	松尾芭蕉	福島交通飯坂線	飯坂温泉駅
猪苗代町	野口英世・シカ・小林栄[レ]	JR磐越西線	猪苗代駅
西郷村	松尾芭蕉	JR東北新幹線	新白河駅
いわき市	源　義家	JR常磐線	勿来駅
	【関東】		
茨城県　北茨城市	野口雨情	JR常磐線	磯原駅
高萩市	長久保赤水	JR常磐線	高萩駅
水戸市	水戸黄門（徳川光圀）・助さん・格さん	JR常磐線	水戸駅
	徳川光圀	JR常磐線	偕楽園駅
	徳川斉昭・七郎麿（慶喜）	JR常磐線	偕楽園駅
栃木県　日光市	二宮尊徳	JR日光線	下野大沢駅
真岡市	二宮尊徳	真岡鉄道真岡線	久下田駅
群馬県　太田市	新田義貞・脇屋義助	東武伊勢崎線	太田駅
埼玉県　熊谷市	熊谷直実	JR東北新幹線	熊谷駅
深谷市	渋沢栄一	JR高崎線	深谷駅
川口市	伊奈忠治	JR京浜東北線	川口駅
千葉県　市原市	菅原孝標女	JR内房線	五位駅
東京都　千代田区	和気清麻呂	[地]東西線	竹橋駅
	楠木正成	[地]千代田線	二重橋前駅
	大村益次郎	[地]東西線	九段下駅・靖国神社
	大山　巌	[地]東西線	九段下駅

東京都　千代田区	品川弥二郎	[地]東西線	九段下駅
	太田道灌	[地]有楽町線	有楽町駅・東京国際フォーラム
	井上　勝△	JR東海道新幹線	東京駅
	ヤン＝ヨーステン①	JR東海道新幹線	東京駅・八重洲地下街
	同②[レ]	同	同
	二宮金次郎（尊徳）	JR東海道新幹線	東京駅・八重洲ブックセンター
中央区	渋沢栄一	[地]半蔵門線	三越前駅
	早川徳次	[地]銀座線	銀座駅
文京区	春日局	[地]丸ノ内線	後楽園駅
	嘉納治五郎	[地]三田線	春日駅・講道館
台東区	西郷隆盛	JR東北新幹線	上野駅
	ボードワン	JR東北新幹線	上野駅
	小松宮彰仁親王	JR東北新幹線	上野駅
	野口英世	JR東北新幹線	上野駅
荒川区	太田道灌	JR山手線	日暮里駅
板橋区□	近藤　勇①	JR埼京線	板橋駅
	同②[レ]	同	同
豊島区	フクロウ	JR山手線	池袋駅
中野区	犬（7匹）	JR中央本線	中野駅・中野区役所
渋谷区	忠犬ハチ公	JR山手線	渋谷駅
港区	大石内蔵助	京急本線	泉岳寺駅・泉岳寺
	乃木希典①・少年	[地]千代田線	乃木坂駅
	同②[レ]	同	同
品川区	坂本龍馬	京急本線	立会川駅
江戸川区	早川徳次	[地]東西線	葛西駅・地下鉄博物館
府中市	新田義貞	JR南武線	分倍河原駅
神奈川県横須賀市	小栗忠順・ヴェルニー	JR横須賀線	横須賀駅
横浜市	モレル[レ]	JR根岸線	桜木町駅
南足柄市	金太郎・クマ	大雄山線	大雄山駅
小田原市	北条早雲	JR東海道新幹線	小田原駅
	二宮金次郎（尊徳）	JR東海道新幹線	小田原駅
湯河原町	土肥実平・妻	JR東海道本線	湯河原駅

【中部】

山梨県　甲州市	武田勝頼	JR中央本線	甲斐大和駅
	武田信玄	JR中央本線	塩山駅
甲府市	武田信玄	JR中央本線	甲府駅
長野県　上田市	真田幸村（信繁）	JR長野新幹線	上田駅
松本市	播隆	JR篠ノ井線	松本駅
新潟県　胎内市	板額御前	JR羽越本線	中条駅
新潟市	忠犬タマ公	JR上越新幹線	新潟駅
長岡市	忠犬タマ公	JR上越新幹線	長岡駅
三条市□	良寛	JR上越新幹線	燕三条駅
糸魚川市	奴奈川姫	JR北陸本線	糸魚川駅
富山県　高岡市	大伴家持	JR北陸本線	高岡駅
	前田利長	JR北陸本線	高岡駅
小矢部市	木曽義仲・火牛	JR北陸本線	石動駅
石川県　七尾市	長谷川等伯	JR七尾線	七尾駅
津幡町	火牛△	JR北陸本線	津幡駅

石川県	小松市	弁慶・富樫泰家	JR北陸本線	小松駅
	越前市	継体天皇・照日の前	JR北陸本線	松任駅
静岡県	静岡市	徳川家康①	JR東海道新幹線	静岡駅
		松平竹千代（同②）	同	同
	掛川市	二宮金次郎（尊徳）	JR東海道新幹線	掛川駅
岐阜県	美濃加茂市	坪内逍遙	JR高山本線	美濃太田駅
	岐阜市	織田信長	JR東海道本線	岐阜駅
		織田信長①	ぎふ金華山ロープウェー	山麓駅
		同　②	同	同·岐阜市歴史博物館
		板垣退助	同	同
愛知県	岡崎市	松平元康（徳川家康）	JR東海道本線	岡崎駅
	春日井市	浅井長政	名鉄小牧線	間内駅
	名古屋市	前田利家・お松	あおなみ線	荒子駅
		盲導犬サーブ号	地下鉄東山線	伏見駅
	愛西市	織田信秀・土田御前・吉法師（織田信長）	名鉄津島線	勝幡駅
	一宮市	山内一豊・馬	JR東海道本線	木曽川駅
三重県	鈴鹿市	大黒屋光太夫	近鉄名古屋線	伊勢若松駅
	伊賀市	松尾芭蕉	伊賀鉄道	上野市駅
	名張市	観阿弥	近鉄大阪線	名張駅
		江戸川乱歩	同	同
	鳥羽市	御木本幸吉	JR鳥羽線	鳥羽駅

【近畿】

滋賀県	長浜市	浅井長政・お市の方	JR北陸本線	河毛駅
		豊臣秀吉・石田三成	JR北陸本線	長浜駅
	米原市	山内一豊・見性院	JR北陸本線	坂田駅
	高島市	中江藤樹	JR湖西線	安曇川駅
	彦根市	井伊直政	JR東海道本線	彦根駅
	近江八幡市	織田信長	JR東海道本線	安土駅
	大津市	松尾芭蕉	JR東海道本線	石山駅
京都府	亀岡市	石田梅岩	JR山陰本線	亀岡駅
	京都市	高山彦九郎	京阪本線	三条駅
		木戸孝允（桂小五郎）	地下鉄東西線	京都市役所前駅
		出雲阿国	京阪本線	祇園四条駅
		牛若丸(源義経)·弁慶	京阪本線	清水五条駅
	京田辺市	一休①	JR片町線	京田辺駅
		同②☑	同	同
		一休	近鉄京都線	新田辺駅
		一休	JR片町線	松井山手駅
大阪府	大阪市	林　市蔵	京阪本線	淀屋橋駅
大阪府	大阪市	五代友厚	京阪本線	北浜駅
		大阪会議参加者☑	同	同
		関　一	京阪中之島線	なにわ橋駅
		池上四郎	JR大阪環状線	天王寺駅
	四條畷市	楠木正行	JR片町線	四條畷駅
	堺市	与謝野晶子	南海本線	堺駅
兵庫県	丹波市	お福（春日局）	JR福知山線	黒井駅
	川西市	源（多田）満仲	JR福知山線	川西池田駅

兵庫県	神戸市	楠木正成	神戸電鉄南北線	湊川公園駅
	神戸市	徳川光圀	阪急、阪神神戸高速線	高速神戸駅
	赤穂市	大石内蔵助	JR赤穂線	播州赤穂駅
奈良県	奈良市	行基	近鉄奈良線	奈良駅
和歌山県	田辺市	弁慶	JR紀勢本線	紀伊田辺駅

【中国・四国】

鳥取県	鳥取市	大国主命・シロウサギ	JR山陰本線	鳥取駅
島根県	松江市	六世市川門之助	JR山陰本線	揖屋駅
岡山県	美作市	武蔵・又八・お通	智頭急行鉄道	宮本武蔵駅
	津山市	箕作阮甫	JR姫新線	津山駅
	新見市	祐清・たまかき	JR伯備線	新見駅
	和気町	仁王（2体）	旧・片上鉄道	本和気駅・本成寺。平成3年廃止
	岡山市	桃太郎・三匹の従者	JR山陽新幹線	岡山駅
	総社市	雪舟・ネズミ	JR伯備線	総社駅
	倉敷市	良寛	JR山陽新幹線	新倉敷駅
	井原市	北条早雲	井原鉄道	早雲の里荏原駅
広島県	福山市	五浦釣人（岡倉天心）	JR山陽新幹線	福山駅
	三原市	小早川隆景	JR山陽新幹線	三原駅
山口県	防府市	種田山頭火	JR山陽本線	防府駅
	山口市	種田山頭火	JR山陽新幹線	新山口駅
徳島県	徳島市	蜂須賀家政	JR高徳線	徳島駅
香川県	高松市	木食以空	八栗ケーブル線	八栗山上駅
愛媛県	松山市	加藤嘉明	松山城山ロープウェイ	東雲口駅
高知県	高知市	坂本龍馬・武市半平太・中岡慎太郎	JR土讃線	高知駅

【九州・沖縄】

福岡県	福岡市	母里太兵衛	JR山陽新幹線	博多駅
		川上音二郎	地空港線	中洲川端駅
佐賀県	神埼市	卑弥呼	JR長崎本線	神埼駅
長崎県	長崎市	長崎二十六聖人◪	JR長崎本線	長崎駅
熊本県	熊本市	夏目漱石	JR鹿児島本線	上熊本駅
大分県	中津市	福沢諭吉①	JR日豊本線	中津駅
		同　②	同	同・ビジネスホテルナカツ
	大分市	大友宗麟△	JR日豊本線	大分駅
	津久見市	大友宗麟	JR日豊本線	津久見駅
宮崎県	日南市	伊東マンショ	JR日南線	日南駅
鹿児島県	鹿児島市	若き薩摩の群像（17体）	JR九州新幹線	鹿児島中央駅
		大山巌・西郷従道・山本権兵衛	路1系統、2系統	加治屋町停留場
		樺山資紀・黒田清隆	路1系統、2系統	高見馬場停留場
		坂本龍馬・お龍	路1系統、2系統	いづろ通停留場
		松方正義	路1系統	武之橋停留場
	薩摩川内市	大伴家持	ＪＲ九州新幹線	川内駅
	伊集院町	島津義弘	ＪＲ鹿児島本線	伊集院駅
沖縄県	東大東村	玉置半右衛門	旧・大東糖業西港線	西港駅・昭和58年廃止
	那覇市	奈良原繁（台座のみ）	ゆいレール	奥武山公園駅、壺川駅・昭和18年頃撤去
		シーサー	ゆいレール	牧志駅

主要参考文献一覧

註＝紙幅の関係で銅像関係の文献のみをあげた。日本史の一般的な概説書、事典、年表、及び個人の伝記、雑誌論文などは割愛した。

二六新報社編『偉人の俤』二六新報社、昭和３年
網島定治、小川彦平編『ポケット大東京案内』地人社、昭和６年
桜井正信編『東京江戸案内・歴史散策』〔巻の４／相撲と銅像篇〕八坂書房、平成６年
高村光雲『幕末維新懐古談』岩波書店／文庫、平成７年
前田重夫『銅像に見る日本の歴史』創栄出版、平成12年
岩﨑義郎『土佐人の銅像を歩く　龍馬・慎太郎から万次郎へ』土佐史談会、平成15年
香川県観光交流局にぎわい創出課編『香川県案内・〔アート〕の夢先案内夢巡り読本』香川県観光交流局にぎわい創出課、平成16年
木下直之編『美術を支えるもの』〔講座日本美術史６〕東京大学出版会、平成17年
前田重夫『日本の銅像』友月書房、平成18年
清水義範『銅像めぐり旅　ニッポン蘊蓄紀行』祥伝社／文庫、平成18年
阿部和正『東京の銅像』阿部和正、平成19年
東京国立近代美術館他編『日本彫刻の近代』淡交社、平成19年
歴史教育者協議会編『石碑と銅像で読む近代日本の戦争』高文研、平成19年
阿部和正『日本の銅像　偉人の英姿』阿部和正、平成22年
前田重夫『日本の銅像』〔続〕交友プランニングセンター・友月書房、平成22年
田辺眞人編『神戸人物史　モニュメントウォークのすすめ』神戸新聞総合出版センター、平成22年
木下直之『東京の銅像を歩く』祥伝社／ポケットヴィジュアル、平成23年
平瀬礼太『銅像受難の近代』吉川弘文館、平成23年
金子治夫『日本の銅像』淡交社、平成24年
木下直之『股間若衆　男の裸は芸術か』新潮社、平成24年
かみゆ歴史編集部編『日本の銅像完全名鑑』廣済堂出版、平成25年
平瀬礼太『彫刻と戦争の近代』吉川弘文館／歴史文化ライブラリー、平成25年
木下直之『銅像時代　もうひとつの日本彫刻史』岩波書店、平成26年

川口素生（かわぐちすなお）
1961年岡山県生まれ。岡山商科大学、法政大学文学部史学科卒業。法政大学名誉教授・村上直博士に師事。鈍行列車を活用して、全国の駅前の銅像、石像、記念碑などの調査を続けている。著作に、『小和田家の歴史』（新人物往来社）、『戦国名軍師列伝』『坂本龍馬と海援隊101の謎』（以上、PHP／文庫）、『ストーカーの日本史』（KKベストセラーズ）など。

交通新聞社新書071
途中下車で訪ねる駅前の銅像
銅像から読む日本の歴史と人物
（定価はカバーに表示してあります）

2014年10月15日　第1刷発行

著　者——川口素生
発行人——江頭　誠
発行所——株式会社　交通新聞社
http://www.kotsu.co.jp/
〒101-0062　東京都千代田区神田駿河台2-3-11
NBF御茶ノ水ビル
電話　東京（03）6831-6552（編集部）
東京（03）6831-6622（販売部）

印刷・製本—大日本印刷株式会社

ISBN978-4-330-50614-2

交通新聞社新書　好評既刊